# 新经典韩国语

精读教程

**2**

练习册

◎总主编：王 丹
◎主 编：高红姬
◎副主编：汪 波
◎编 委：崔仁淑 [韩] 刘荣荣
　　　　　李 楠　　张 磊

U0063015

外语教学与研究出版社
北京

**图书在版编目（CIP）数据**

新经典韩国语精读教程 2 练习册 ／ 高红姬主编；汪波副主编；（韩）崔仁淑等编. ——
北京：外语教学与研究出版社，2022.9
（新经典韩国语 ／ 王丹总主编）
ISBN 978-7-5213-3993-2

Ⅰ. ①新… Ⅱ. ①高… ②汪… ③崔… Ⅲ. ①朝鲜语－高等学校－习题集 Ⅳ. ①H55-44

中国版本图书馆 CIP 数据核字 (2022) 第 197505 号

出 版 人　王　芳
项目策划　王　媛
责任编辑　王　媛
责任校对　高　静
封面设计　孙莉明　彩奇风
出版发行　外语教学与研究出版社
社　　址　北京市西三环北路 19 号（100089）
网　　址　http://www.fltrp.com
印　　刷　三河市北燕印装有限公司
开　　本　787×1092　1/16
印　　张　15.5
版　　次　2022 年 10 月第 1 版 2022 年 10 月第 1 次印刷
书　　号　ISBN 978-7-5213-3993-2
定　　价　42.00 元

购书咨询：（010）88819926　电子邮箱：club@fltrp.com
外研书店：https://waiyants.tmall.com
凡印刷、装订质量问题，请联系我社印制部
联系电话：（010）61207896　电子邮箱：zhijian@fltrp.com
凡侵权、盗版书籍线索，请联系我社法律事务部
举报电话：（010）88817519　电子邮箱：banquan@fltrp.com
物料号：339930001

# "新经典韩国语"系列教材

## 总主编

王 丹

## 主 编（按音序排列）

| | | | | |
|---|---|---|---|---|
| 崔英兰 | 高红姬 | 金红莲 | 李锦花 | 吕春燕 |
| 南 燕 | 琴知雅[韩] | 权震红 | 孙鹤云 | 吴玉梅 |
| 严 女 | | | | |

## 编委会成员（按音序排列）

| | | | | |
|---|---|---|---|---|
| 安海莲 | 陈江丽 | 程兰涛 | 迟琳琳 | 崔惠花 |
| 崔仁淑[韩] | 崔润坤[韩] | 崔香玉 | 丁 一 | 董南南 |
| 郭 谕 | 洪恩实[韩] | 金嘉蓝[韩] | 金美玉 | 金素荣[韩] |
| 金 艳 | 李炳一[韩] | 李 民 | 李 敏 | 李 楠 |
| 李石哲 | 李宥承[韩] | 刘 娜 | 刘荣荣 | 卢锦淑 |
| 朴海燕 | 权敏静[韩] | 申师明[韩] | 宋文静 | 汪 波 |
| 吴仙花 | 徐祯爱[韩] | 于美灵 | 张会见 | 张惠善 |
| 张 磊 | 郑香兰 | 郑谞颖[韩] | 郑义香 | |

# 出版说明

自1945年国立东方语专韩国语科成立以来，我国的朝鲜（韩国）语教育已经走过了75个春秋。75年来，朝鲜（韩国）语教育伴随着中韩两国关系的发展走上了一个个高地，但遗憾的是，国内韩国语教材的研发却相对滞后，缺乏系统规划，结构不完整，辅助教材、线上资源开发不足，教学理念相对落后，学生始终没有一套统一规划的、科学系统的教材。

近年来，高等教育改革新形势对外语人才培养提出了新要求。高校外语类专业承载着为国家培养具有良好的综合素质和扎实的外语基本功、拥有中国情怀、具备国际视野和跨文化交际能力的复合型外语专门人才的重要使命。2018年1月，教育部发布了《普通高等学校本科专业类教学质量国家标准（外国语言文学类）》（以下简称"《国标》"），2020年春又颁布了《普通高等学校本科外国语言文学类专业教学指南》（以下简称"《指南》"）。《国标》与《指南》的落地与实施，为外语专业创新发展提供了行动路线与解决方案。

在这种背景下，外语教学与研究出版社秉持着"服务科研、推动教学、坚持创新"的原则，于2018年开始策划针对本科院校朝鲜（韩国）语专业学生的"新经典韩国语"系列教材，2018年《国标》的出台，为"新经典韩国语"系列教材明确了编写方向。这套由北京大学王丹教授带领国内外三十几所院校众多中青年骨干教师联合编写的教材，无论是从编写规模、人员组织，还是从内容、教学理念及创新上，在国内的朝鲜（韩国）语教育史上都是首次。

"新经典韩国语"系列教材有如下特点：

第一，立足《国标》，符合《指南》要求。"新经典韩国语"系列教材是立足于《国标》与《指南》对韩国语专业人才的培养要求，由国内外一线韩国语教育专家通力合作编写的系列教材。教材内容坚持通识教育和专业教育并重的原则，除了基础的语言知识之外，还注意帮助学生搭建跨学科知识结构，全面落实立德树人的根本任务。

第二，统筹规划，系统全面。全套教材由《新经典韩国语精读教程》（6本主教材和6本练习册）、《新经典韩国语听说教程》（6本主教材和6本练习册）、《新经典韩国语读写教程》（6本主教材和6本练习册）组成，共计36册，同时配备教材的配套课件与模拟试题。整个系列在教材编写设计上，注重纵向上语法体系的完整，横向上不同教程之间的主题与语言知识的衔接，实现了不同课程在教学目标、教学内容和课时分配等方面的互补。

第三，以学生为中心，注重能力培养。教材以学生为主体，通过生动的话题与丰富的练习调动学生在课堂的参与度，帮助学生自主发现和总结语言规律，变"要我学"为"我要学"，激发学生自主学习动力和语言探究潜能。

第四，线上线下相结合，提供丰富的教学资源。"新经典韩国语"系列教材在策划之初就充分考虑到了师生对线上资源的需求，用手机App代替了传统的MP3光盘，学生可以通过"U校园"App免费听音频，看文本，点读发音。为了便于学生自学，我们还将听力文本、听力译文、课文译文、参考答案等放到了外研社综合语种教育出版分社网站（mlp.fltrp.com）上，学生可以实现自主化学习。此外，我们还针对教材开发了教学课件、微课、慕课等，并计划推出韩语虚拟教研室、韩语教师研讨会等活动，推动"新经典韩国语"系列教材的线上资源建设，助力院校打造线上线下混合式教学模式。

第五，寓教于乐，轻松学习。本系列教材配有丰富的插画和实景图片，使学生对知识的获取更直接、更高效，有助于强化认知、加强记忆。学生可以在图文并茂的教材中轻松快乐地学习。

"新经典韩国语"系列教材的顺利出版离不开诸位编者的辛苦努力，在此要特别感谢以王丹教授为总主编的整个"新经典"编写团队，他们从图书的编写到出版，一直参与其中，正是因为他们的努力，教材才得以迅速出版。同时，还要感谢在授课过程中试用该教材并认真参与校对的诸位老师，感谢给予"新经典"支持和帮助的各位领导和同事。

"新经典韩国语"系列教材是诸位编者智慧和心血的结晶，衷心地希望它能为中国高等院校朝鲜（韩国）语专业的教学发展增砖添瓦。

外语教学与研究出版社

2022年10月

# 总　序

　　1945年，北京大学朝鲜（韩国）语言文化系的前身——国立东方语专韩国语科的设立开我国大学朝鲜（韩国）语教育之先河。70余年栉风沐雨，70余载砥砺前行，几代教师的执着坚守，薪火相传，使朝鲜语学科取得了令人瞩目的成长。迄今为止，全国共有约260所高校开设朝鲜语专业，朝鲜语已成为我国主要的外语教学语种之一，并正在实现从"以规模扩张为特征的外延式发展"向"以质量提升为核心的内涵式发展"的历史性转变。

　　2018年1月，教育部发布我国外语教育史上第一个覆盖外语类各专业的《普通高等学校本科专业类教学质量国家标准（外国语言文学类）》（以下简称"《国标》"）。为贯彻落实《国标》的各项原则与规定，教育部外指委非通用语种类专业教学指导分委员会于2020年春正式颁布《普通高等学校本科非通用语种类专业教学指南》(以下简称"《指南》"），进一步明确了非通用语专业的专业定位、培养目标及培养规格，提出了素质、知识和能力三方面的要求，更加强调跨学科知识结构、跨文化交流能力、思辨能力及自主学习能力等方面的培养。如果说《国标》为高校非通用语专业的建设和人才培养提供了准入、建设和评价依据的话，那么《指南》则为非通用语专业的创新发展提供了行动路线与解决方案。《国标》与《指南》的颁布，为朝鲜（韩国）语教育的发展带来了前所未有的机遇与挑战，将有效地促进全国朝鲜语专业在教学理念、培养模式、课程体系、教学内容与方法等层面的开拓与创新。在这一背景下，尽快开发符合新《国标》要求、体现《指南》精神的朝鲜（韩国）语基础教材，以教材建设推动课程教学改革，已然成为时代赋予我们一线教师的重大课题与历史使命。

　　"新经典韩国语"系列教材以中国高校朝鲜语专业本科生为对象，以培养学生的朝鲜（韩国）语基础知识，提高其听、说、读、写、译技能，增强其人文素养、思辨能力及跨文化交际能力为目标编写而成。全套教材由《新经典韩国语精读教程》（6本主教材和6

本练习册）、《新经典韩国语听说教程》（6本主教材和6本练习册）、《新经典韩国语读写教程》（6本主教材和6本练习册）组成，共计36册，同时配备教材的配套课件与模拟试题。教材力求将《指南》中培养规格的要求落到实处，秉持以学生为中心、以主题为引领、以活动为重点、以素质与能力培养为导向的编写理念，坚持体现如下编写原则：

### 1. 思想性与时代性原则

教材寓思政教育于语言教学之中，在培养学生语言技能的同时积极贯彻全人教育理念，在教学内容的选取上体现思想性与教育性，既让学生了解朝鲜、韩国文化的精华，又注重弘扬中华民族优秀文化，帮助学生树立正确的世界观、人生观与价值观。同时，关注社会发展与科技进步，尽量选择具有时代气息的语言材料和丰富多彩的表现形式，帮助学生通过语言学习获得新知，增强学生的时代感与使命感。

### 2. 科学性与规范性原则

充分吸收外语教学理论、教材编写理论的最新研究成果，遵循螺旋式上升的外语学习规律，以结构、功能、情境、文化等多元大纲为指导，教材内容符合各级别能力培养目标的要求，反映不同阶段的学习特点。通过制订周密的编写计划，合理安排单元主题，有效控制学习量和难易度，注意语法点、句型及重要词汇的覆盖、复现与循环。在内容选取与活动设计上循序渐进，由浅入深，由易到难，由简到繁，难易逐步过渡，内容适度复现。与此同时，严格遵守韩文正字法规定，在语料的选取、知识点的解释、术语的使用等方面力求准确、规范，帮助学生养成良好的语言习惯。

### 3. 整体性与系统性原则

精读、听说、读写三种教材在主题、内容、目标、要求等方面形成完整的体系，同一阶段、同一主题同时推进，学生用书、练习册、多媒体课件及配套模拟试题同步开发，语言知识学习、语言技能发展、学习策略运用与文化内涵理解有机结合，有效地避免了知识的碎片化。与此同时，系统安排教学内容，突出各个阶段的学习重点，在基础阶段侧重进行专业基础知识的传授和基本技能的训练，中高级阶段加大知识输入量，扩大阅读范围，用精选的教学内容调动学习兴趣，让学生进一步了解朝鲜半岛的历史发展、社会状况及情感世界。

### 4. 实用性与交际性原则

教材围绕主题精选语篇，关注语言素材的真实性、语言风格的多样性及语言表达的生动性，帮助学生通过语言学习来获得跨学科知识和生活体验。尽量选择真实、地道、鲜活、自然、典型的语言材料，设计贴近生活的语言运用情景，反映语言现实，培养学生在真实场景中运用外语处理问题和解决问题的综合应用能力。与此同时，将语言知识的学习及运用与语言文化交际相融合，帮助学生深入理解本国文化、朝鲜半岛文化与世界文化，提高对文化差异的敏感度和理解能力，包容不同的文化，尊重他国的文化与价值观，在拥有中国情怀的同时，具有国际视野与跨文化同理心，提高学生的跨文化交际能力。

### 5. 开放性与灵活性原则

教材突出对学生自主学习的引导作用，内容安排与活动设计具有开放性与灵活性，通过采用任务型教学法，将语言教学内容融入具体的任务中，引导学生通过语言实践掌握外语知识和技能。利用绘制思维导图等方式满足学生个性化需求，体现一定的弹性与伸缩性。与此同时，通过配备同步练习册及配套听力材料等方式，帮助学生根据自身的学习情况开展自主、合作、探究及个性化学习，充分激发学生的自主学习动力与潜力，有效调动学生的主动性与创造性，提高其创新能力与思辨能力。

### 6. 知识性与趣味性原则

教材既要帮助学生掌握朝鲜（韩国）语语音、语义、词汇、语法、语篇、语用等专业基础知识，又要帮助其了解包括朝鲜半岛语言文学、社会历史、政治经济、文化教育等专业知识，还要尽可能在教材内容中融入中国文化知识以及人文与科学知识，助力学生塑造品格，提高修养，培养人文精神和科学素养。与此同时，在题材、体裁、语言风格、练习方式的选择上增加教材的趣味性，通过设计生动活泼、互动性强、丰富新颖且富有挑战性的学习活动，唤起学生的学习热情，激发其学习兴趣。此外，在版式、插图、色彩等方面也力求生动而富于美感与品位。

秉持以上编写原则开发的本系列教材，正如书名所示，首先是"新"，意味着教材在理论上、内容上、形式上、方法上皆有所创新，然后为"经典"，意味着教材具有典范性、权威性、超越性与代表性。为了编写这套体现我国朝鲜（韩国）语教育教学最高水平的"新经典"教材，来自北京大学、清华大学、复旦大学、南京大学、山东大学、中国传媒大学、北京外国语大学、北京第二外国语学院、战略支援部队信息工程大学、广西师范大学、上海师范大学、广东白云学院、对外经济贸易大学、天津外国语大学、大连外国语大学、浙江外国语学院、天津师范大学、湖南师范大学、华中师范大学、山东师范大学、哈尔滨师范大学、延边大学、河北大学、扬州大学、安徽大学、常州信息职业技术学院、巴基斯坦国立现代语言大学、韩国国立首尔大学、韩国外国语大学、韩国成均馆大学、韩国祥明大学、韩国西原大学、韩国光云大学等国内外三十几所高校的五十余位一线骨干教师组成一支精干的队伍，在"新经典韩国语"系列教材这面旗帜下，共同开启了一段艰苦但却充满挑战与乐趣的征程！近三年的教材编写过程充满了艰辛，但这支由有担当、有情怀、有格局的优秀教师组成的团队也时时给我们带来发自内心的感动。如果没有一种使命与担当，在微薄的项目经费支持的情况下，要完成这样一项规模大、时间紧、难度高的工程谈何容易？如果没有一份执着与情怀，在繁重的教学任务、科研压力与家庭负担等多重压力下，又怎能完成这项无法带来可观收益和直接利益的艰苦工作！如果没有彼此的理解与信任，没有舍弃小我成就大我的境界与格局，在各册教材之间的系统性、协调性、合作性要求极高的情况下，又怎能保障编写工作的顺利有序进行！真诚感谢每一位成员的支持与付出，同时也希望这次合作让团队的每个成员都能在教学、科研方面有新的发展与进步，并以本次合作为起点，去构建极具凝聚力和战斗力的学术共同体、成长共同体！

我们还要把真诚的感谢送给有预见性地策划并积极推进本系列教材编写工作，对编写工作予以大力支持的外研社综合语种教育出版分社的崔岚社长、孙艳杰副编审、高静主任及所有关心本套教材出版的同仁，感谢你们的鼎力支持与辛勤付出！

希望我们的努力能为我国朝鲜（韩国）语教育的发展有所贡献，期待我们精心编写的教材能够成为广大教师与朝鲜（韩国）语学习者的良师益友。

总主编 王丹

2020年8月于北大燕园

# 前　言

《新经典韩国语精读教程2练习册》是《新经典韩国语精读教程2》的配套练习册。"新经典韩国语系列教材"以《普通高等学校本科专业类教学质量国家标准（外国语言文学类）》为指导，以《普通高等学校本科非通用语种类专业教学指南》为依据，以培养学生朝鲜（韩国）语运用能力、跨文化交际能力、思辨与创新能力为目标，结合新韩国语能力考试，全国高校朝鲜语专业四、八级考试等国内外朝鲜（韩国）语评价标准编写而成。

《新经典韩国语精读教程2练习册》以初级阶段朝鲜（韩国）语学习者为对象编写，主要考查学生对专业基础知识的掌握与运用情况，提高学生的朝鲜（韩国）语听、说、读、写、译综合能力，同时帮助学生拓展社会文化知识与国别知识。为了让学生能够熟悉新韩国语能力考试和全国高校朝鲜语专业四、八级考试，练习册题型主要参考了这两种考试的题型，同时注重趣味性和实用性。

《新经典韩国语精读教程2练习册》包括15课的课文练习。课文练习着重考查学生对每课出现的词汇、语法点的掌握与运用能力，以及对每课学习目标中所要求的语言知识、社会文化知识与国别知识的掌握情况，分为词汇与语法、听力、阅读、写作、翻译五个模块。词汇与语法练习文本内容丰富、形式多样，让学生在丰富的语境中掌握并巩固词汇和语法的实际用法，提高语言组织能力和理解能力；听力练习的听力文本采用对话和短文的形式，适当结合听说练习，让学生通过不同形式文本的听力练习提高朝鲜（韩国）语听力理解能力和语言表达能力；阅读练习的文本涵盖了每课的主题和学习目标中要求的知识内容，帮助学生拓展文化视野、提高跨文化意识，同时让学生通过选择、判断、读写有机结合的练习提高朝鲜（韩国）语阅读理解能力；写作练习强调循序渐进、由简到难，合理安排读写练习，让学生通过所提供的信息写出单词、句子，最终根据自己的情况写出一篇文章；翻译练习为了增强学生的语言转换能力，设有汉韩、韩汉五个句子的翻译练习，句子中包含每课的重点词汇和语法点。

《新经典韩国语精读教程2练习册》是对主教材内容的复习和巩固，也是延伸和拓展。学生通过练习可以实现自我评价，及时掌握自己的学习情况，从而提高自主学习能力。

在本书编写过程中，我们借鉴了国内外诸多朝鲜（韩国）语及其他语种教材的配套练习册，力求编写符合主教材的人才培养目标、适合国内学生使用的精读教程配套练习册，满足广大朝鲜（韩国）语学习者的需求。但受编写时间和水平所限，难免有疏漏不足之处，诚挚希望朝鲜（韩国）语教育界同仁及学生提出宝贵的意见与建议。

《新经典韩国语精读教程》编写组

2022年10月

# 目录

# 제 1 과
# 벌써 개강이네요

## 어휘와 문법

**1. 请根据汉语，写出相应的韩国语单词或词组。**

(1) 前途，出路 ＿＿＿＿＿＿＿＿＿  (2) 讨论，商谈 ＿＿＿＿＿＿＿＿＿

(3) 梦，梦想 ＿＿＿＿＿＿＿＿＿  (4) 生活，过日子 ＿＿＿＿＿＿＿＿＿

(5) 重要 ＿＿＿＿＿＿＿＿＿  (6) 进行，主持 ＿＿＿＿＿＿＿＿＿

(7) 问，打听 ＿＿＿＿＿＿＿＿＿  (8) 实力，能力 ＿＿＿＿＿＿＿＿＿

(9) 决心，决意 ＿＿＿＿＿＿＿＿＿  (10) 入学 ＿＿＿＿＿＿＿＿＿

(11) 学分，分数 ＿＿＿＿＿＿＿＿＿  (12) 互相 ＿＿＿＿＿＿＿＿＿

**2. 请根据图片内容，选择正确的答案。**

(1)

가: 장빈 씨, 주말에 (　　　) 보러 같이 갈래요?

나: 좋아요.

① 자원봉사 　　　　　　② 콘서트

③ 영화 　　　　　　　　④ 멘토

(2)

가: 왕나 씨, 뭘 그렇게 열심히 봐요?

나: 지난 학기 특강 때 찍은 (　　　)를/을 봐요.

① 영상 　　　　　　　　② 촬영

③ 기념사진 　　　　　　④ 게시판

(3)

가: 버스에서 지갑을 잃어버린 것 같아요.

나: 정말요? 빨리 (　　　)에 가 보세요.

① 분실물 센터 　　　　② 학생회관

③ 지하철 　　　　　　④ 쇼핑몰

1

(4)

가: 파란 하늘이 참 아름답네요.

나: 새처럼 저 하늘을 (　　) 싶어요.

① 자유롭고　　　　　　② 반짝이고

③ 보고　　　　　　　　④ 날고

(5)

가: 오전에 계단에서 넘어져서 다리를 (　　).

나: 괜찮아요? 병원에 안 가 봐도 돼요?

① 아팠어요　　　　　　② 다쳤어요

③ 마주쳤어요　　　　　④ 다녀왔어요

3. 请选择适当的内容，完成下列句子。

> 자연스럽다　　모시다　　특별하다　　개최하다　　통화하다
>
> 찾아보다　　확인하다　　참여하다　　듣다　　상담하다

(1) 오늘은 저에게 아주 ＿＿＿＿＿＿＿＿ 날이에요.

(2) 주말에 할머니를 ＿＿＿＿＿＿＿＿ 콘서트에 다녀왔다.

(3) 잃어버린 핸드폰을 분실물 센터에 가서 ＿＿＿＿＿＿＿＿ 없었어요.

(4) 외국인과 ＿＿＿＿＿＿＿＿ 대화하려면 어떻게 해야 돼요?

(5) 이번 행사에 ＿＿＿＿＿＿＿＿ 인터넷으로 미리 신청해야 합니다.

(6) 대회를 ＿＿＿＿＿＿＿＿ 전에 준비해야 할 일들이 많아요.

(7) 라디오 방송을 ＿＿＿＿＿＿＿＿ 한국어 듣기 연습을 해요.

(8) 부모님과 ＿＿＿＿＿＿＿＿ 지 벌써 일주일이 지났다.

(9) 취직 문제 때문에 ＿＿＿＿＿＿＿＿ 오는 학생들이 많다.

(10) 시험 날짜와 장소를 꼭 ＿＿＿＿＿＿＿＿ 합니다.

4. 请选择正确的答案。

(1) 지난 주말에 나는 동생과 함께 마당에 나무를 (　　).

① 샀다　　　　② 심었다　　　　③ 갔다　　　　④ 만들었다

(2) 회사를 (　　) 전에 미리 연락을 주세요.

① 방문한　　　② 방문하고　　　③ 방문하기　　④ 방문해서

(3) 회의 날짜를 ( ) 이메일을 보내 드리겠습니다.

　① 상담하고　　　　② 개최하고　　　　③ 가입하고　　　　④ 확인하고

(4) 동아리 활동을 ( ) 벌써 3개월이 되었어요.

　① 시작해서　　　　② 시작한 지　　　　③ 시작하고　　　　④ 시작하기 전에

(5) ( ) 지난 주말에 시간이 있어서 친구와 같이 자원봉사를 하러 갔어요.

　① 마침　　　　　　② 바로　　　　　　③ 방금　　　　　　④ 곧

(6) 이제는 한국 생활에 많이 ( ).

　① 힘들었다　　　　② 익숙해졌다　　　③ 쉬워졌다　　　　④ 피곤했다

(7) 저는 한국 친구들과 ( ) 한국어 발음을 연습해요.

　① 대화해서　　　　② 대화하고　　　　③ 대화하면　　　　④ 대화하면서

(8) 8시 전에 ( ) 7시에 출발해야 해요.

　① 도착하려면　　　② 도착하러　　　　③ 도착하지만　　　④ 도착해도

(9) 가: 이번 학기에도 영어 공부를 계속하려고 ( ). 같이 할래요?

　나: 좋아요. 같이 해요.

　① 한데요　　　　　② 하는데요　　　　③ 했는데요　　　　④ 하겠어요

(10) 가: 말하기 실력이 많이 ( ). 어떻게 연습했어요?

　　나: 드라마를 보면서 대사를 따라 했어요.

　① 높네요　　　　　② 날았네요　　　　③ 길었네요　　　　④ 늘었네요

5. **请选择适当的内容，使用 "-면서/으면서" 完成下列句子。**

> 불다　　　걷다　　　여행하다　　　읽다　　　배우다

(1) 한국어를 ＿＿＿＿＿＿＿＿＿＿＿＿＿＿ 한국 문화에 관심이 많아졌어요.

(2) 길을 ＿＿＿＿＿＿＿＿＿＿＿＿ 스마트폰을 사용하면 위험해요.

(3) 한국 소설을 ＿＿＿＿＿＿＿＿＿＿＿＿ 모르는 단어와 문법이 있으면 친구
에게 물어봤다.

(4) 겨울 방학에 친구와 _____ 사진을 많이 찍었다.

(5) 어제처럼 바람이 _____ 비가 와요.

## 6. 请选择适当的内容，使用 "-려면/으려면" 完成下列句子。

| 이루다    받다    참가하다    살다    잘하다 |

(1) 외국어를 _____ 모국어부터 잘해야 한다.

(2) 말하기 대회에 _____ 인터넷으로 신청을 해야 합니다.

(3) 새 학기 목표를 _____ 시간 관리를 잘해야 한다.

(4) 건강하게 _____ 운동을 계속하는 것이 좋아요.

(5) 비자를 _____ 어떻게 해야 하나요?

## 7. 请根据内容重新排列顺序，组成正确的句子。

(1) -기 전에, 미리, 전화를 주세요, 출발하다

_____

(2) 한국 역사, 은, 이번, 없는데요, 학기, 에, 수업

_____

(3) 졸업하다, 를, 벌써, 이, -ㄴ 지, 1년, 고등학교, 지났다

_____

(4) 처럼, 좋아요, 을, 따뜻하다, 이, 에는, 오늘, 날, -ㄴ, 야외 운동, 하는 것

_____

(5) 동안, 을, 한, 동아리 활동, 학기, -면서, 알차게, 하다, 보냈다

_____

모국어(母國語) [名] 母语

8. 请选择适当的内容，完成下列对话。

> -면서/으면서    -ㄴ/은 지    -기 전에    -려면/으려면    -면/으면

(1) 가: 좋은 직장을 ＿＿＿＿＿＿＿＿＿ 어떤 준비를 해야 하지요? (구하다)

　　나: 각종 자격증을 취득하는 것이 좋아요.

(2) 가: 이 회사에 ＿＿＿＿＿＿＿＿＿ 어떤 일을 하셨어요? (취직하다)

　　나: 부모님 가게에서 일 좀 도왔어요.

(3) 가: 한국에 유학을 ＿＿＿＿＿＿＿＿＿ 얼마나 됐어요? (오다)

　　나: 3년이 됐어요.

(4) 가: 이번 주말에 자원봉사를 가야 해서 못 만날 것 같아요.

　　나: 괜찮아요. 이번 주말에 시간이 안 ＿＿＿＿＿＿＿＿＿ 다음 주에 만나요. (되다)

(5) 가: 어머, 벌써 12시네요.

　　나: 그러네요. 우리 같이 ＿＿＿＿＿＿＿＿＿ 이야기해요. (식사하다)

## 🎧 듣기

1. 请听录音，选择适当的答语。🎧

　　(1) 나: ＿＿＿＿＿＿＿＿＿＿＿＿＿＿＿＿＿＿＿＿＿＿

　　　　① 네, 한국 문화에 흥미가 생겨서 수강 신청을 했어요.

　　　　② 네, 한국 역사를 더 좋아해요.

　　　　③ 네, 모든 과목을 90점 이상 받고 싶어요.

　　　　④ 아니요, 한 학기를 알차게 보내고 싶어요.

　　(2) 나: ＿＿＿＿＿＿＿＿＿＿＿＿＿＿＿＿＿＿＿＿＿＿

　　　　① 무슨 영화를 봤어요?

　　　　② 영화가 재미있었어요?

③ 맞아요. 저도 영화를 못 본 지 반 년이 됐어요.

④ 영화가 정말 재미있네요.

(3) 나: _____

① 지난 학기를 보내면서 경험한 것이 많아요.

② 저는 수영을 배워 보고 싶어요.

③ 여러 가지 활동이 많아서 힘들어요.

④ 새 학기 계획을 미리 세웠어요.

(4) 나: _____

① 한국어가 중국어보다 쉬워요.

② 한국 사람처럼 잘하고 싶어요.

③ 중국어가 너무 어려워요.

④ 저는 중국어 뉴스를 많이 들어요.

(5) 나: _____

① 아니요, 저녁에 수업이 있어요.

② 네, 오후에는 수업이 없어요.

③ 네, 도와주세요

④ 네, 감사합니다.

2. **请听录音，回答下列问题。** 🎧

(1) 장빈 씨는 지금 어디에 갑니까?

① 한국 문화 수업        ② 도서관

③ 운동장        ④ 지하철역

(2) 들은 내용과 일치하는 것을 고르십시오.

① 한국 문화 수업을 이미 시작했다.

② 장빈 씨는 지난 학기에 좋은 성적을 받았다.

③ 왕나 씨도 한국 문화에 대한 책을 읽으려고 한다.

④ 장빈 씨는 한국 역사에 대한 책을 빌리려고 한다.

(3) 장빈 씨와 왕나 씨는 앞으로 시간이 나면 같이 무엇을 하려고 합니까?

_____

 읽기

1. 请阅读下文，回答下列问题。

> 　사람들은 새해를 맞으면서 어떤 목표를 이루기 위해 계획을 세운다. 나도 해마다 공부 계획, 자원봉사 활동 계획, 동아리 활동 계획, 운동 계획, 다이어트 계획 등 계획을 많이 세운다. 그러나 계획을 세웠지만 생각만 하고 실천하지 않는 경우가 많다. ( ㉠ ) 더 중요한 것은 계획을 실천하는 것이다. 계획을 실천하려면 노력이 필요하다. 지난 학기에 나는 운동 계획을 세웠다. ( ㉡ ) 매일 계획 일정표에 따라 운동을 계속했다. 수업이 많거나 일정이 많은 날에는 정말 포기하고 싶었다. 그럴 때마다 나는 계획을 잘 실천하는 친구들을 보면서 목표를 이루기 위해 노력했다. 한 학기 동안 노력하여 나는 많이 건강해졌고 다이어트에도 성공했다. 앞으로도 세운 계획을 실천하기 위해 노력할 것이다.

(1) ( ㉠ )에 들어갈 내용으로 가장 알맞은 것을 고르십시오.

① 계획을 세우는 것도 중요해서

② 계획을 세우는 것도 중요하지만

③ 계획을 세우고

④ 계획을 세우면서

(2) ( ㉡ )에 들어갈 내용으로 가장 알맞은 것을 고르십시오.

① 그리고　　　② 그래서　　　③ 그렇지만　　　④ 그러면

실천하다(實踐--) [动] 实践

(3) 위 글의 내용과 같은 것을 고르십시오.

　① 글쓴이는 계획을 세우고 모두 실천했다.

　② 글쓴이는 지난 학기에 공부 계획을 세워 목표를 이루었다.

　③ 글쓴이는 다이어트에 성공하지 못했다.

　④ 글쓴이는 계획을 실천하기 위해 노력할 것이다.

2. 请阅读下文，回答下列问题。

　　나는 회사원이다. 직장 생활을 시작한 지 벌써 3년이 지났다. 나는 내가 하는 일을 좋아하지만 일이 많아서 스트레스를 받을 때가 있다. 새해에 나는 스트레스를 받지 않고 건강하게 직장 생활을 하려고 한다. 그래서 내가 꼭 실천할 수 있는 작은 것들부터 하려고 새해 일상을 계획해 보았다.

　(1) 매일 아침 6시에 ( ㉠ ) 20분 동안 조깅을 한다.

　(2) 아무리 바빠도 아침을 꼭 챙겨 먹는다.

　(3) 저녁 7시 이후에는 음식을 먹지 않는다.

　(4) 매일 저녁 30분~1시간 동안 독서를 한다.

　(5) 주말에 좋아하는 사람들과 같이 좋은 시간을 보내고 자원봉사 활동을 한다.

　(6) 힐링을 위해 취미 생활을 계속한다.

(1) ( ㉠ )에 들어갈 내용으로 가장 알맞은 것을 고르십시오.

　① 일어나고　　② 일어나서　　③ 일어나면서　　④ 일어나려면

(2) 글쓴이의 계획이 아닌 것을 고르십시오.

　① 아침에 조깅을 한다.

　② 주말에 자원봉사 활동을 한다.

힐링(healing) [名] 治愈，康复

③ 퇴근 후에 운동을 한다.

④ 저녁 7시 이후에는 음식을 안 먹는다.

(3) 위 글의 내용과 일치하면 ○, 일치하지 않으면 ×를 하십시오.

1) 글쓴이는 좋아하는 일을 하기 때문에 스트레스를 받지 않는다. (　　)

2) 글쓴이는 취미 생활을 계속하려고 한다. (　　)

3) 글쓴이는 회사에 다닌 지 3년이 지났다. (　　)

4) 글쓴이는 건강에 문제가 있다. (　　)

(4) 글쓴이는 새해에 직장 생활을 어떻게 하려고 합니까?

_____

 쓰기

1. 请根据表格内容，回答下列问题。

왕나의 지난 학기 성적

|  | 점수 |
|---|---|
| 대학 영어 | 92 |
| 한국 개황 | 90 |
| 초급 한국어1 | 93 |
| 초급 한국어 듣기와 말하기1 | 80 |
| 초급 한국어 읽기와 쓰기1 | 88 |
| 정치 | 92 |

왕나의 이번 학기 성적 목표

|  | 점수 |
|---|---|
| 대학 영어 | >90 |
| 한국 문화 | >90 |
| 초급 한국어2 | >90 |
| 초급 한국어 듣기와 말하기2 | >90 |
| 초급 한국어 읽기와 쓰기2 | >90 |
| 정치 | >90 |

(1) 왕나 씨는 지난 학기에 강의를 몇 과목 들었습니까?

_____

(2) 왕나 씨는 지난 학기말 성적이 어땠습니까?

_____

(3) 이번 학기 과목과 지난 학기 과목은 어떻게 다릅니까?

_____

(4) 이번 학기 학기말 성적 목표는 무엇입니까?

_____

(5) 여러분의 이번 학기 학기말 성적 목표는 무엇입니까? 간단하게 써 보십시오.

_____

2. 请参考课文2的内容，完成下面的短文。

오늘 한국어학과 1학년 개강 총회가 _____. 반장 장빈 씨는
_____ 회의를 진행했다. 장빈 씨는 방학 동안 한국어 실력이
_____. 그 비결은 다음과 같다. 우선 지난 학기에 _____
내용을 _____. 그리고 한국 드라마를 _____ 좋아하는 배우의
_____. 드라마 대본을 보면서 _____ 단어는 미리
_____ 배우지 _____ 문법은 한국 _____ 물어봤다. 그래서
한국어 발음과 억양이 아주 _____ 한국 사람 같다.

3. 每个人都有自己的梦想，并为了实现梦想而努力。你有什么梦想？为了实现
梦想你会怎么做？请写一篇作文，介绍你实现梦想的计划。

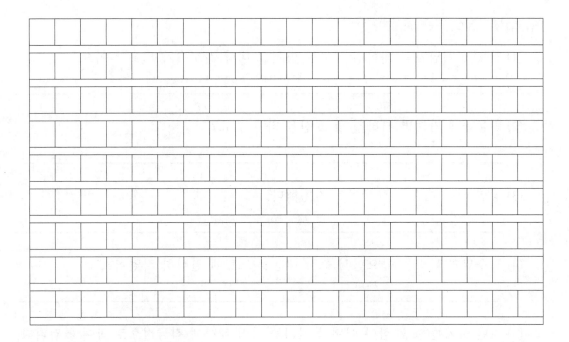

 **번역**

1. 请将下列句子翻译成韩国语。

(1) 一开始我对韩国语一窍不通，现在可以用韩国语写信了。

_____

(2) 没字幕也能看懂韩剧吗？

_____

(3) 要想学好韩国语，就要了解韩国传统文化。

_____

(4) 我在开课之前制订了新学期的学习计划。

_____

(5) 我参与志愿者活动已有两年了。

_____

2. 请将下列句子翻译成汉语。

(1) 저도 선배님처럼 대학원 공부를 마치고 대학교 교수가 되고 싶어요.

_____

(2) 박물관에 가려면 지하철 몇 호선을 타야 해요?

_____

(3) 장빈 씨는 대회를 한국어로 진행했다.

_____

(4) 교수님의 특강을 들으면서 특강 내용을 노트에 열심히 적었어요.

_____

(5) 지난 학기를 교훈 삼아 이번 학기에는 여러 행사에 적극적으로 참여할 겁니다.

_____

# 제 **2** 과
# 시간이 있을 때 뭐 해요?

📖 **어휘와 문법**

**1.** 请根据汉语，写出相应的韩国语单词或词组。

(1) 空闲，余暇 _____   (2) 观看，观赏 _____

(3) 干活儿，工作 _____   (4) 自己，自身 _____

(5) 去年 _____   (6) 忘记，忘掉 _____

(7) 歌手 _____   (8) 预约，预订 _____

(9) 展览会 _____   (10) 著名，有名 _____

(11) 美术馆 _____   (12) 上个月 _____

**2.** 请根据图片内容，选择正确的答案。

(1)

가: 어떤 (　　　)를/을 좋아하세요?

나: 저는 피아노를 좋아해요.

① 가수　　② 악기　　③ 노래　　④ 음악

(2)

가: 여름을 좋아해요?

나: 아니요, 저는 더운 것이 (　　　). 저는 가을을 좋

아해요.

① 싫어요　② 좋아요　③ 행복해요 ④ 아파요

(3)

가: 내일 저녁 제가 좋아하는 가수의 (　　　)가/이

있어요. 같이 보러 갈래요?

나: 그래요? 좋아요.

① 경극　　　　　　② 애니메이션

③ 콘서트　　　　　④ 전시회

(4) 가: 영화 '미래로'를 봤어요?

나: 네, 어제 봤어요. 박스오피스 1위를 (　　) 영화지요?

① 차지한　　② 가져온　　③ 입장한　　④ 상영한

(5) 가: 차를 건물 앞에 (　　) 괜찮을까요?

나: 네, 괜찮아요.

① 운전했는데　　　　② 탔는데

③ 포기했는데　　　　④ 주차했는데

## 3. 请选择适当的内容，完成下列句子。

| 등산하다 | 입장하다 | 비슷하다 | 잘되다 | 담그다 |
| 도착하다 | 실패하다 | 덥다 | 쉽다 | 서두르다 |

(1) 길이 막혀서 제시간에 ＿＿＿＿＿＿＿＿ 어려워요.

(2) 중국 선수들이 ＿＿＿＿＿＿＿＿ 있습니다.

(3) 저는 더위를 많이 타서 ＿＿＿＿＿＿＿＿ 것이 싫어요.

(4) 시험이 ＿＿＿＿＿＿＿＿ 너무 걱정하지 마세요.

(5) 저는 다음 달부터 주말에 친구들과 ＿＿＿＿＿＿＿＿ 했습니다.

(6) 내일 수술이 ＿＿＿＿＿＿＿＿ 바랍니다.

(7) 나는 ＿＿＿＿＿＿＿＿ 아침을 먹고 바로 출발했다.

(8) 한국 친구에게서 김치를 ＿＿＿＿＿＿＿＿ 방법을 배웠다.

(9) 이번에도 ＿＿＿＿＿＿＿＿ 저는 노력해서 꼭 성공할 겁니다.

(10) 저와 친구는 취미가 ＿＿＿＿＿＿＿＿.

## 4. 请选择正确的答案。

(1) 저는 한국어 책을 볼 때 모르는 단어가 있으면 (　　)을 찾아봐요.

① 사진　　　　② 사전　　　　③ 소설　　　　④ 사실

(2) 학교 정문에서 지하철역까지 걸어서 10분이면 (　　). 

　　① 충분해요　　　② 계속해요　　　③ 걸려요　　　④ 많아요

(3) 코로나19가 우리 생활에 많은 (　　) 가져왔다. 

　　① 별일을　　　② 변화를　　　③ 환자를　　　④ 중요성을

(4) 저는 친구들과 같이 동아리 활동 계획을 (　　) 세웠습니다. 

　　① 역시　　　② 특히　　　③ 꼼꼼히　　　④ 가만히

(5) 우리는 (　　) 시간이 날 때 만나서 재미있는 학교 생활에 대해 이야기했다. 

　　① 얼마나　　　② 이따가　　　③ 어떻게　　　④ 어쩌다

(6) 공원에는 주말을 (　　) 나온 사람들이 많았다. 

　　① 즐겁게　　　② 구경하러　　　③ 즐거워　　　④ 즐기러

(7) 저와 친구는 취미가 (　　) 방학 때면 같이 여행도 다니고 운동도 해요. 

　　① 비슷해서　　　② 달라서　　　③ 쉬워서　　　④ 어려워서

(8) 행사를 혼자 준비하기 (　　) 친구들과 같이 준비해 보세요. 

　　① 힘듭니까　　　② 힘들어서　　　③ 힘드니까　　　④ 힘들고

(9) 가: 아무리 힘들어도 (　　) 말고 끝까지 계속하세요. 

　　나: 알겠습니다. 끝까지 하겠습니다. 

　　① 포기하면　　　② 포기하지　　　③ 포기하기　　　④ 포기해서

(10) 가: 다음 수업 전까지 과제를 내야 하는데 자료를 더 찾아야 해요. 

　　　나: 제가 자료를 (　　). 

　　① 검색해 봐요　　　　　　② 검색하기도 해요

　　③ 검색하세요　　　　　　④ 검색해 볼게요

코로나19(corona19) [名] 新型冠状病毒肺炎

5. 请选择适当的内容，使用 "-ㄴ/은/는/ㄹ/을 것" 完成下列句子。

> 만들다    듣다    편하다    오르다    걱정하다

(1) 이 신발이 이렇게 _____을 왜 몰랐지요?

(2) _____이 없어요. 다 잘 될 거예요.

(3) 기분이 안 좋을 때에는 조용히 음악을 _____이 좋아요.

(4) 지난달에 이미 가격이 _____을 이제야 알았어요.

(5) 저는 음식을 _____을 좋아해서 주말이면 맛있는 음식을 만들어 친구들을 초대해요.

6. 请选择适当的内容，使用 "-니까/으니까" 完成下列句子。

> 다음 주에 여행을 떠나다    길도 막히고 시간도 없다    내일 말하기 시험이 있다
> 다음 달에 유명한 콘서트가 있다    디자인이 다양하다

(1) _____ 지하철로 갑시다.

(2) _____ 시험 준비를 잘 하세요.

(3) _____ 여행 계획을 미리 세워야겠다.

(4) _____ 마음에 드는 걸로 골라 보세요.

(5) _____ 표를 미리 구하세요.

7. 请根据内容重新排列顺序，组成正确的句子。

(1) 주말, 친구, -기로 했다, 다음, 를, 와 같이, 보다, 에, 영화

_____

(2) -ㄴ, -으니까, 날씨, 찌개, 춥다, 를, 가, 먹읍시다, 따뜻하다

_____

(3) 틈, 를, 저, -ㄹ 때, -러 가요, 애니메이션 전시회, 이, 는, 나다, 보다

_____

(4) 에, 요즘, 가입하다, -고 있다, 에, 탁구 동호회, 씩, -여, 일주일, 두 번, 탁구를 치다

_____

(5) -기 싫다, 친구, 보다, 을, -어서, 에게, 공연, 혼자, 연락했다

_____

8. 请选择适当的内容，完成下列对话。

> -기로 하다    -ㄹ게요/을게요    -는 것    -기 좋다    -기도 하다

(1) 가: 여가 시간에 보통 뭐 하세요?

　　나: 저는 친구들과 같이 _____. (배드민턴을 치다, 여행을 가다)

(2) 가: 가은 씨, 요즘 재미있는 영화 있어요? 영화 보러 갈까요?

　　나: 저도 영화 보고 싶었어요. 제가 영화 찾아보고 _____.
　　　　(연락하다)

(3) 가: 비가 오는 날에 _____ 음악이에요. 한 번 들어 보세요.
　　　　(듣다)

　　나: 그래요? 고마워요.

(4) 가: 저는 _____을 좋아해요. (그림을 보다)

　　나: 근처 미술관에 마침 그림 전시회가 있는데요. 같이 갈래요?

(5) 가: 여름 방학 때 여행을 어디로 갈 거예요?

　　나: 부모님을 모시고 상하이에 _____. (여행을 가다)

## 🎧 듣기

1. 请听录音，选择适当的答语。🎧

(1) 나: _____

① 아니요, 12시예요.

② 시간이 없으니까 우리 서두릅시다.

③ 네, 12시에 오세요.

④ 지금 몇 시예요?

(2) 나: _____

① 네, 좋아요.

② 맞아요. 다리를 다쳤어요.

③ 지금도 치료 받고 있으니까 걱정하지 마세요.

④ 아니요, 아직도 아파요.

(3) 나: _____

① 방을 잘 봤어요?

② 괜찮아요. 일 보세요. 제가 정리할게요.

③ 좋아요, 방 보러 같이 가요.

④ 아니요, 같이 정리해요.

(4) 나: _____

① 네, 사진을 많이 찍을 거예요.

② 네, 지금은 안 좋아해요.

③ 아니요, 예전부터 좋아했어요.

④ 네, 중학교 때부터 좋아했어요.

(5) 나: _____

① 그럼요. 여기 있으니까 필요할 때 쓰세요.

② 네, 없어요.

③ 네, 빌려주세요.

④ 아니요, 한국어 사전이 있어요.

2. 请听录音，回答下列问题。🎧

    (1) 가은 씨와 중기 씨는 무엇에 대해 이야기하고 있습니까?

      ① 과제        ② 도서관        ③ 주말 계획     ④ 꽃 구경

    (2) 들은 내용과 다른 것을 고르십시오.

      ① 가은 씨는 주말에 꽃 구경을 간다.

      ② 중기 씨는 과제가 많이 남았다.

      ③ 토요일 오전에 꽃 구경을 간다.

      ④ 중기 씨는 주말에 시간이 안 돼서 꽃 구경을 못 간다.

    (3) 중기 씨는 토요일 오전에 무엇을 할 겁니까?

    _____

## 읽기

1. 请阅读下文，回答下列问题。

> 여가 생활은 자유로운 시간에 취미 활동, 운동 등 여러 가지 활동을 하는 것을 말한다. 그러나 직장 생활, 학교 생활이 바빠지면서 시간이 없어서 여가 생활을 ( ㉠ ) 사람들이 늘고 있다. 여가 생활은 우리 생활의 활력소가 된다. 나는 여가 시간에 운동을 하기도 하고 친구들을 만나서 이야기를 나누기도 한다. 요즘 과제가 많아서 바쁘지만 나는 시간을 내서 운동을 계속하고 있다. 운동을 하고 나면 기분도 ( ㉡ ) 몸도 ( ㉢ ) 공부를 더욱 잘할 수 있다. 시간 때문에 여가 생활을 포기하는 친구들도 나처럼 자신이 좋아하는 여가 생활을 계속할 수 있기 바란다.

활력소(活力素) [名] 活力的源泉

(1) ( ㉠ )에 들어갈 내용으로 가장 알맞은 것을 고르십시오.

　① 즐기는　　　　　　　　　　② 즐기지 못하는

　③ 즐기지 않는　　　　　　　　④ 즐기려는

(2) ( ㉡ )과 ( ㉢ )에 들어갈 내용으로 가장 알맞은 것을 고르십시오.

　① 좋아지고, 무거워져서　　　　② 나쁘고, 가벼워서

　③ 상쾌하지만, 가벼워져서　　　④ 상쾌해지고, 가벼워져서

(3) 위 글의 내용과 같은 것을 고르십시오.

　① 글쓴이는 바빠서 여가 생활을 못한다.

　② 시간이 없어서 여가 생활을 포기하는 사람들이 있다.

　③ 공부할 시간에 운동을 하면 안 된다.

　④ 시간이 없으면 여가 생활을 하지 않는 것이 좋다.

**2. 请阅读下文，回答下列问题。**

　　나는 사진 찍는 것을 좋아한다. 초등학교 때부터 부모님하고 여행을 가면 부모님의 핸드폰으로 아름다운 경치 사진도 많이 찍고 가족 사진도 많이 찍었다. ( ㉠ ) 대학생이 된 지금 그때 찍은 사진을 보면 초등학교 때로 돌아간 것 같고 부모님의 젊으셨을 때 모습을 볼 수 있어서 너무 좋다. 나는 지난 학기에 아르바이트를 해서 번 돈으로 카메라를 샀다. ( ㉡ ) 사진 동아리 회원들은 주말에 한 번씩 만나서 동아리 활동을 한다. 동아리 회원들은 나에게 카메라 사용 방법과 사진 찍는 방법을 가르쳐 주었다. ( ㉢ ) 그래서 촬영 실력이 많이 늘었다. 우리는 계절에 따라 변화하는 캠퍼스의 아름다운 모습을 찍기도 하고 학교에서 열리는 여러 가지 행사 사진을 찍기도 한다. ( ㉣ ) 나는 이번 학기에도 동아리 활동에 적극적으로 참여하겠다.

(1) 위 글에서 <보기>의 글이 들어가기에 가장 알맞은 곳을 고르십시오.

———————— <보기> ————————

그리고 학교 사진 동아리에도 가입했다.

① ㉠                ② ㉡                ③ ㉢                ④ ㉣

(2) 글쓴이가 초등학교 때 사진을 보면서 좋아하는 이유로 알맞은 것을 고르십시오.

① 여행을 가서

② 사진을 많이 찍어서

③ 초등학교 때로 돌아가고 싶어서

④ 부모님의 젊으셨을 때 모습을 볼 수 있어서

(3) 위 글의 내용과 일치하면 ○, 일치하지 않으면 ×를 하십시오.

1) 글쓴이는 부모님이 준 용돈으로 카메라를 샀다. (        )

2) 글쓴이는 촬영 실력이 많이 늘었다. (        )

3) 사진 동아리 활동은 일주일에 두 번 있다. (        )

4) 글쓴이는 학교 행사 사진을 찍는다. (        )

(4) 글쓴이는 사진 동아리에서 무엇을 배웠습니까?

_____

 쓰기

1. 请根据图片内容，回答下列问题。

<한국 대학생들의 여가 생활 조사 결과>

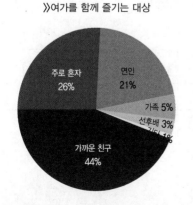

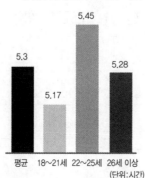

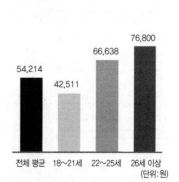

(1) 대학생들이 여가를 주로 함께 지내는 대상은 누구입니까?

_____

(2) 대학생들이 일주일에 여가에 쓰는 평균 시간은 몇 시간입니까? 누가 여가에 시간을 제일 많이 씁니까?

_____

(3) 대학생들이 일주일에 여가에 쓰는 평균 비용은 어떻게 됩니까? 누가 여가에 쓰는 비용이 제일 적습니까?

_____

(4) 여러분들은 주로 누구와 여가 생활을 보냅니까? 일주일에 여가에 쓰는 시간과 비용은 어떻게 됩니까? 간단하게 써 보십시오.

_____

2. 请参考课文2的内容，完成下面的短文。

> 가은 씨는 주말의 경극 공연 표를 두 장 _____. 가은 씨는 장빈 씨와 같이 _____ 가려고 한다. 공연은 7시에 _____ 6시 반까지 입장하면 된다. 인터넷으로 _____ 공연장 _____ 미술관에서 _____ 열리고 있었다. 가은 씨와 장빈 씨는 오후에 애니메이션을 _____ 경극 공연장에 _____. 그야말로 '_____' 이다.

3. 大学生活比高中生活自由，你会有很多自己支配的时间。你在课余时间里都做些什么呢？请写一篇作文，介绍自己的课外生活。

| | | | | | | | | | | | | | |
|---|---|---|---|---|---|---|---|---|---|---|---|---|---|
| | | | | | | | | | | | | | |
| | | | | | | | | | | | | | |
| | | | | | | | | | | | | | |

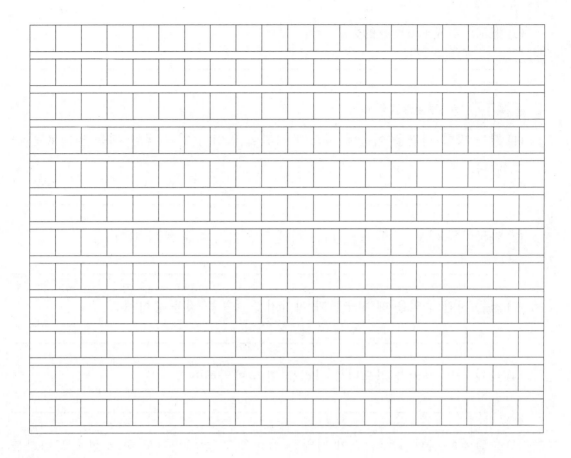

💬 **번역**

1. **请将下列句子翻译成韩国语。**

(1) 四五十岁的人最喜欢的休闲活动是运动。

　　_____

(2) 我周末去驾校学习驾驶。

　　_____

(3) 排球社团明天下午要举行排球比赛，你要不要一起去？

　　_____

(4) 王娜既是我的好朋友，也是我的汉语老师。

　　_____

(5) 把苹果切成了方便吃的大小。

_____

2. 请将下列句子翻译成汉语。

(1) 저는 방학 시간을 이용해 평소에 시간이 없어서 읽지 못한 책을 읽기로 했습니다.

_____

(2) 한국어를 배운 지 얼마 안 되는 학생들이 읽기 쉬운 책이 있어요?

_____

(3) 저는 시간이 있을 때 친구들과 이야기를 나누는 것을 좋아해요.

_____

(4) 늦게 가면 자리가 없으니까 자리를 미리 예약해야 합니다.

_____

(5) 주말에는 룸메이트와 같이 다양한 음식을 만들어 먹기도 하고 한국 드라마를 보기도 해요.

_____

# 제3과
# 전화를 잘못 거셨습니다

## 어휘와 문법

**1. 请根据汉语，写出相应的韩国语单词或词组。**

(1) 要办的事情 _____     (2) 声音，嗓音 _____

(3) 公共场所 _____     (4) 教养，素质 _____

(5) 注意，小心 _____     (6) 交换，变换 _____

(7) 有机会 _____     (8) 挂断，停止 _____

(9) 出差 _____     (10) 对方 _____

(11) 暂时，一小会儿 _____     (12) 丢失，失去 _____

**2. 请根据图片内容，选择正确的答案。**

(1)

가: 제가 보낸 (　　　)를/을 봤어요?

나: 네, 방금 봤어요.

① 메모              ② 문자 메시지

③ 음성 메시지       ④ 메뉴

(2)

가: 기온이 0도 (　　　)로/으로 내려간다고 해요.

　　내일 옷 많이 입으세요.

나: 고마워요.

① 이하     ② 이상     ③ 전     ④ 후

(3)

가: 무슨 책이에요?

나: 대학생들의 취직에 (　　　) 책이에요. 빌려 드릴

　　까요?

① 유용한    ② 이용한    ③ 사용한    ④ 편리한

(4)

가: 잃어버린 가방을 찾았나요?

나: 네, 분실물 센터에 연락해서 (　　) 찾았어요.

① 그야말로　② 매우　　③ 별로　　④ 겨우

(5)

가: 공연을 관람할 때 큰 소리로 통화하는 것은 예의에 (　　) 행동이죠.

나: 맞아요. 공공장소에서는 주의해야 해요.

① 어울리는　　　　　　② 맞는

③ 어긋나는　　　　　　④ 없는

3. 请选择适当的内容，完成下列句子。

| 끊다 | 키우다 | 깨끗하다 | 조심하다 | 설정하다 |
|---|---|---|---|---|
| 끝내다 | 남기다 | 발견하다 | 졸업하다 | 예방하다 |

(1) 이 방은 조용하고 ＿＿＿＿＿＿ 학교에서 가까워요.

(2) 친구한테서 들었는데 이 약이 비염을 ＿＿＿＿＿＿. 한 번 드셔 보세요.

(3) 대학을 ＿＿＿＿＿＿ 후에 취직할 거예요? 대학원 공부를 계속할 거예요?

(4) 전화를 ＿＿＿＿＿＿ 무엇을 주의해야 합니까?

(5) 공공장소에서는 전화벨 소리를 무음 모드로 ＿＿＿＿＿＿ 좋아요.

(6) 친구 방에 갔는데 친구가 없어서 메모를 ＿＿＿＿＿＿ 돌아왔다.

(7) 자전거를 처음 탈 때 넘어지기 쉬우니까 ＿＿＿＿＿＿.

(8) 과제를 내일까지 ＿＿＿＿＿＿ 수 있으세요?

(9) 가정에서 강아지를 ＿＿＿＿＿＿ 가족 사이의 대화가 많아지고 같이 활동하는 시간도 길어진다.

(10) 이 그림을 제일 처음 ＿＿＿＿＿＿ 사람은 누구입니까?

4. 请选择正确的答案。

(1) 일이 너무 많아서 친구와의 (　　　) 시간을 잊어버렸다.

　① 예약　　　　　　② 약속　　　　　　③ 예습　　　　　　④ 사실

(2) 선생님께서는 제가 이해하지 못한 내용을 (　　　) 가르쳐 주셨다.

　① 조용히　　　　　② 자세히　　　　　③ 여전히　　　　　④ 가만히

(3) 컴퓨터 작업을 할 때 50분에 한 번씩 (　　　) 운동을 하는 것이 좋다.

　① 충분한　　　　　② 어려운　　　　　③ 복잡한　　　　　④ 간단한

(4) 이 컵은 가격이 싸면서도 질이 좋아서 잘 (　　　).

　① 나타나요　　　　② 팔아요　　　　　③ 팔려요　　　　　④ 마셔요

(5) 가방을 집에 (　　　) 나왔네요. 핸드폰 좀 빌려 주실 수 있나요?

　① 두고　　　　　　② 놓이고　　　　　③ 잃어버리고　　　④ 넣고

(6) 어제 오신 분이 박 교수님의 (　　　) 해요.

　① 제자나　　　　　② 제자라고　　　　③ 제자인가　　　　④ 제자이며

(7) 어머니는 아이가 잠이 (　　　) 다음 아이 방에서 나왔다.

　① 들은　　　　　　② 드는　　　　　　③ 든　　　　　　　④ 들

(8) 어머니는 한국으로 유학을 간 (　　　) 온 엽서를 받고 아주 기뻐하셨다.

　① 아들을　　　　　② 아들의　　　　　③ 아들한테서　　　④ 아들에서

(9) 가: 현금 영수증이 (　　　)?

　나: 네, 필요해요. 고마워요.

　① 필요하는가요　　② 필요할게요　　　③ 필요할래요　　　④ 필요한가요

(10) 가: 여보세요? 전화 (　　　) 분이세요? 방금 전화벨 소리를 못 들어서 전화를

　　　못 받았어요.

　나: 박 선생님, 저 왕나입니다. 여쭤 볼 게 있어서 전화 드렸습니다.

　① 거신　　　　　　② 끊으신　　　　　③ 남긴　　　　　　④ 받은

5. 请选择适当的内容，使用"-ㄴ가요/은가요/는가요"完成下列句子。

> 힘들다　　춥다　　있다　　아프다　　사전이다

(1) 머리가 지금도 _____? 약 드셨어요?

(2) 이것도 가은 씨의 중국어 _____?

(3) 고향은 지금도 날씨가 많이 _____?

(4) 아르바이트를 구하기 _____?

(5) 중국의 은행 카드를 한국에서 사용할 수 _____?

6. 请选择适当的内容，使用"-다고/라고 하다"完成下列句子。

> 시작하다　　고장이 나다　　새로 온 학생이다　　실력이 대단하다　　놀다

(1) 이렇게 사용하면 핸드폰이 쉽게 _____.

(2) 아이가 울지 않고 잘 _____.

(3) 장빈 씨가 한국어 _____.

(4) 영화가 이미 _____.

(5) 아까 그 학생이 이번 학기에 _____.

7. 请根据内容重新排列顺序，组成正确的句子。

(1) -ㄴ 뒤, 가은 씨가, 전화, 왕나 씨, 에, 가, 왔었어요, 나가다, 한테서

_____

(2) 전화, 룸메이트, 전화하다, 받았다, 를, 가은 씨에게, -는데, 가, -였-

_____

(3) 일보다, 께서, 잠깐, -고 했다, 박 교수님, -러, -었-, 나가시다

_____

(4) 전화하다, 못, 에, 친구, -여서, 약속, 가다, -고 했다, 에게, -ㄹ 것 같다

_____

(5) 떠들다, 공공장소, 짧다, 통화, 해야 한다, -지 말며, 가능한, 에서는, 도, -게

_____

8. 请选择适当的内容，完成下列对话。

> -ㄴ/은 다음    -았었/었었/였었는데    -다고/라고 하다
> -며/으며    -고요

(1) 가: 그럼 수술 비용이 얼마나 _____ 시간이 얼마나 걸려요?
    (필요하다)
   나: 그건 의사 선생님께 물어 봐야 해요.

(2) 가: 이번이 마지막 _____. (공연이다)
   나: 그래요? 그럼 꼭 봐야겠네요.

(3) 가: 좋은 성적을 받으려면 어떻게 해야 돼요?
   나: 선생님의 강의를 잘 _____ 강의 내용을 자세히 정리해야
    해요. (듣다)

(4) 가: 왕강 씨를 잘 알아요?
   나: 잘 아는 건 _____. 동아리 활동을 하면서 몇 번 만났었어
    요. (아니다)

(5) 가: 왕나 씨, 어디예요? 방금 왕나 씨 기숙사에 _____ 없어서
    돌아왔어요. (가다)
   나: 어머, 가은 씨, 죄송해요. 제가 약속을 잊었네요.

## 🎧 듣기

1. 请听录音，选择适当的答语。🎧

(1) 나: _____

　① 네, 저는 양화가 아니에요.

　② 아니요, 전화를 잘못 거셨어요.

　③ 8835-5683번이에요.

　④ 안녕히 계세요.

(2) 나: _____

　① 가은 씨, 저도 장빈 씨 전화 번호 몰라요.

　② 장빈 씨 핸드폰 번호가 아니에요.

　③ 장빈 씨 지금 방에 없는데요.

　④ 가은 씨, 이건 제 핸드폰이에요.

(3) 나: _____

　① 여기는 박 교수님 사무실이 아닌데요.

　② 이따가 전화할게요.

　③ 수업이 끝나고 바로 가요.

　④ 지금 3시예요.

(4) 나: _____

　① 네, 사진을 많이 찍을 거예요.

　② 왜 베이징에 가요?

　③ 그럼 숙소를 미리 예약해야 돼요.

　④ 언제 출장을 가요?

(5) 나: _____

　① 마이클 선생님 지금 자리에 계신가요?

　② 네, 마이클 씨예요.

　③ 거기 누구 없어요?

　④ 저 왕나예요.

2. 请听录音，回答下列问题。🎧

(1) 장빈 씨는 왕나 씨한테서 무엇을 받으려고 합니까?

　　① 우산　　　　　　② 사진　　　　　　③ 꽃　　　　　　④ 전화

(2) 들은 내용과 다른 것을 고르십시오.

　　① 왕나 씨는 저녁을 먹고 기숙사에 가려고 한다.

　　② 가은 씨는 왕나 씨와 같이 있다.

　　③ 왕나 씨는 우산이 없다.

　　④ 가은 씨도 우산이 없다.

(3) 왕나 씨는 지금 어디에 있습니까?

_____

### 읽기

1. 请阅读下文，回答下列问题。

　　공공장소는 많은 사람들이 함께 이용하는 곳이다. 공공장소로는 병원, 도서관, 박물관, 공연장, 극장, 지하철, 수영장 등이 있다. 공공장소에서는 예절을 지켜야 하며 다른 사람에게 피해를 주지 말아야 한다. 큰 소리로 떠들지 않는 것, 줄을 서서 기다리는 것, 뛰지 않는 것, 담배를 피우지 않는 것, 휴대폰을 무음 모드로 설정하는 것, 전화 통화를 짧게 하는 것 등 우리가 공공장소에서 지켜야 할 예절은 아주 많다. 공공장소에서의 예절은 아이 때부터 가르쳐야 한다. 사람마다 공공장소에서의 예절을 잘 지키면 우리가 생활하는 세상은 더욱 살기 좋고 아름다운 세상이 될 것이다.

(1) 위 글의 제목으로 알맞은 것을 고르십시오.

　　① 공공장소　　　　　　　　　② 우리의 아름다운 세상

　　③ 공공장소에서의 예절 지키기　　　④ 아이에게 예절 가르치기

(2) 공공장소가 아닌 것을 고르십시오.

　① 수영장　　　② 도서관　　　③ 공연장　　　④ 거실

(3) 위 글의 내용과 다른 것을 고르십시오.

　① 공공장소에서는 줄을 서서 기다려야 한다.

　② 공공장소에서는 담배를 피우지 말아야 한다.

　③ 공공장소에서는 전화 통화를 길게 해야 한다.

　④ 공공장소에서는 휴대폰을 무음 모드로 설정해야 한다.

2. 请阅读下文，回答下列问题。

　　나는 수업이 있을 때 휴대폰을 끄거나 무음 모드로 설정한다. 그러나 오늘 오후 수업에 들어가기 전에 휴대폰을 끄는 것을 잊어버렸다. 박 교수님의 수업을 듣고 있는데 전화벨 소리가 크게 났다. 어머니에게서 온 전화였다. 나는 너무 놀랐다. 빨리 휴대폰을 끄고 선생님의 강의를 계속해서 들었다. 박 교수님과 친구들에게 피해를 준 것 같아 미안했다. 수업이 끝난 후에 나는 박 교수님 사무실에 가서 죄송하다고 말씀드렸다. 교수님께서는 괜찮다고 하시면서 다음부터 주의하면 된다고 하셨다. 나는 사무실에서 나와 어머니에게 전화를 했다. ( ㉠ ) 어머니는 별일 아니고 날씨가 따뜻해져서 봄에 입을 옷을 보내 주려고 전화했다고 하셨다. ( ㉡ ) 어머니는 항상 나를 걱정하신다. ( ㉢ ) 고향을 떠나 기숙사 생활을 하지만 마음이 따뜻한 기숙사 친구들이 있고 매일매일 부모님과 얼굴을 보면서 대화를 나눌 수 있어서 하나도 외롭지 않다. ( ㉣ )

(1) 위 글에서 <보기>의 글이 들어가기에 가장 알맞은 곳을 고르십시오.

─────── <보기> ───────

그래서 나도 매일 저녁에 어머니와 화상 통화를 한다.

　① ㉠　　　　　② ㉡　　　　　③ ㉢　　　　　④ ㉣

(2) 글쓴이가 수업 시간에 놀란 이유로 알맞은 것을 고르십시오.

　① 휴대폰을 무음 모드로 설정해서

　② 전화벨 소리가 크게 나서

　③ 휴대폰을 꺼서

　④ 박 교수님 강의여서

(3) 위 글의 내용과 일치하면 〇, 일치하지 않으면 ×를 하십시오.

　1) 글쓴이는 오늘 수업을 시작하기 전에 휴대폰을 끄지 않았다. (　　)

　2) 글쓴이는 교수님과 친구들에게 미안했다. (　　)

　3) 글쓴이의 어머니가 봄에 입을 옷을 보내 왔다. (　　)

　4) 글쓴이는 교수님께 전화를 걸어 죄송하다고 말씀드렸다. (　　)

(4) 글쓴이가 고향을 떠나 기숙사 생활을 하고 있지만 외롭지 않은 이유는 무엇입니까?

　_____

 쓰기

1. 请根据图片内容，回答下列问题。

전시실 안에서는 다음과 같은 관람 예절을 지켜 주세요.

(1)　(2)　(3)　(4)　(5)

(1) 전시실 안에서는 _____.

(2) 전시실 안에서는 _____.

(3) 전시실 안에서는 _____.

(4) 전시실 안에서는 _____.

(5) 전시실 안에서는 _____.

전시실(展示室) [名] 展览室

2. 请参考课文2的内容，完成下面的短文。

　　왕나 씨는 가은 씨가 휴대폰을 ＿＿＿＿＿ 가은 씨의 ＿＿＿＿＿＿
＿＿＿＿. 그런데 가은 씨 룸메이트가 ＿＿＿＿＿＿＿. 룸메이트는 가
은 씨가 휴대폰을 ＿＿＿＿＿＿ 밖에 ＿＿＿＿ 했다. 룸메이트는
왕나 씨에게 ＿＿＿＿＿ 놀러 오라고 했다. 왕나 씨는 가은 씨 룸메이
트에게 ＿＿＿＿＿ 말하고 전화를 ＿＿＿＿. 한참 후에 가은 씨가 기
숙사에 돌아왔다. 가은 씨 룸메이트는 가은 씨에게 왕나 씨한테서
＿＿＿＿＿＿＿ 전했다. 가은 씨는 바로 왕나 씨에게 전화했다.

3. 你经常与父母联系吗？用什么方式和他们联系呢？这种联系方式的优缺点是
什么？写一篇作文，介绍你与父母的联系方式。

| | | | | | | | | | | | | | | | | |
|---|---|---|---|---|---|---|---|---|---|---|---|---|---|---|---|---|
| | | | | | | | | | | | | | | | | |

## 💬 번역

1. 请将下列句子翻译成韩国语。

(1) 我收到了法国留学的朋友寄来的明信片。

_____

(2) 我每周与父母视频聊天一次。

_____

(3) 坐着工作的时候，每50分钟需要做一次简单的伸展运动。

_____

(4) 这种药需要每天服用三次，饭后服用。

_____

(5) 据说学汉语的外国人逐年增多。

_____

2. 请将下列句子翻译成汉语。

(1) 이번 주말에 핸드폰 매장에서 할인 행사가 있다고 합니다.

_____

(2) 공공장소에서 큰 소리로 이야기하는 것은 예절에 어긋나는 행동입니다.

_____

(3) 지난해 저도 설문 조사에 참여했었어요.

_____

(4) 왕나 씨는 수업이 끝난 뒤 항상 수업 내용을 다시 정리하면서 복습합니다.

_____

(5) 사람을 만날 때 첫인상이 중요하니까 예절을 잘 지켜야 한다.

_____

# 제 4 과
# 케이팝을 좋아하세요?

## 어휘와 문법

1. 请根据汉语，写出相应的韩国语单词或词组。

(1) 生气　_____　　(2) 暗，黑　_____

(3) 韩屋村　_____　　(4) 推荐　_____

(5) 整理，安排　_____　　(6) 当然　_____

(7) 交，提交　_____　　(8) 拍手，鼓掌　_____

(9) 韩流　_____　　(10) 网站　_____

(11) 分析　_____　　(12) 结果　_____

2. 请根据图片内容，选择正确的答案。

(1)

가: 전주에서 뭐가 가장 유명해요?

나: 한옥 마을이 가장 유명한 관광지로 (　　).

① 시작했어요　　　　　② 알려졌어요

③ 내려받았어요　　　　④ 빼앗겼어요

(2)

가: 내일 저녁에 뭘 먹을 거예요?

나: (　　)를/을 먹기로 했어요.

① 식사　　② 식당　　③ 한식　　④ 양식

(3)

가: 선생님께서 뭐라고 하셨어요?

나: (　　) 말도 하지 않으셨어요.

① 아무　　② 아무리　　③ 너무　　④ 나무

(4)

가: 케이팝은 무슨 뜻이에요?

나: 해외에서 인기를 얻고 있는 한국의 (　　)이에요.

① 한옥 마을　　　　　　② 대중음악

③ 운전면허증　　　　　　④ 학생회관

(5)

가: 뭘 그렇게 열심히 보고 있어요?

나: 뉴스에서 큰 (　　)가/이 났다고 해요.

① 소문　　② 관심　　③ 화재　　④ 결과

3. 请选择适当的内容，完成下列句子。

> 정리하다　　어린이　　캠코더　　내려받다　　추천하다
> 솔직하다　　스파게티　　소문　　개발하다　　평일

(1) 오늘 점심에 ＿＿＿＿＿＿＿ 피자를 먹을래요.

(2) 새로운 상품을 ＿＿＿＿＿＿＿ 데 일 년이 걸렸어요.

(3) 이 핸드폰으로 찍은 비디오는 화질이 ＿＿＿＿＿＿＿ 비슷하네요.

(4) ＿＿＿＿＿＿＿ 의하면 다음 주에 학생회관에서 케이팝 콘서트가 열린다고 해요.

(5) 아침 8시부터 방을 ＿＿＿＿＿＿＿ 시작했다.

(6) ＿＿＿＿＿＿＿ 주말에 영화표 가격이 좀 다릅니다.

(7) 언니는 항상 나를 ＿＿＿＿＿＿＿ 생각하고 이야기한다.

(8) 이 동영상을 어떻게 ＿＿＿＿＿＿＿ 모르겠어요.

(9) 요즘 새로 나온 영화를 좀 ＿＿＿＿＿＿＿ 주세요.

(10) ＿＿＿＿＿＿＿ 말하면 나는 그런 사람을 안 좋아해요.

4. 请选择正确的答案。

(1) 이 노래의 (　　)은 '벚꽃'이에요.

① 축제　　　　② 제품　　　　③ 숙제　　　　④ 제목

(2) '고래고래'는 한국어의 (　　) 입니다.

① 일본어　　　　② 외래어　　　　③ 의태어　　　　④ 외국어

(3) 방에서 (　　) 소리가 계속 나요.

① 기침　　　　② 아침　　　　③ 낮잠　　　　④ 부담

(4) 뮤직비디오를 만들고 싶은데요. (　　)를/을 좀 부탁 드립니다.

① 조깅　　　　② 조언　　　　③ 특징　　　　④ 특별

(5) (　　)를/을 먹으면서 이야기를 나눕시다.

① 과목　　　　② 과제　　　　③ 과일　　　　④ 휴일

(6) 대학교 합격을 (　　)로/으로 축하합니다.

① 진짜　　　　② 매점　　　　③ 점심　　　　④ 진심

(7) 너무 바빠서 점심을 (　　) 못 먹었어요.

① 직접　　　　② 아직　　　　③ 접수　　　　④ 박수

(8) 선생님께서 시험 결과를 벌써 (　　).

① 빌려주셨어요　② 알려 주셨어요　③ 어울리셨어요　④ 열려 주셨어요

(9) 시청에 어떻게 가는지 (　　) 아세요?

① 점점　　　　② 혹시　　　　③ 일찍　　　　④ 아직

(10) 친구에게서 듣기만 하고 (　　) 보지는 못했어요.

① 이미　　　　② 일찍　　　　③ 겨우　　　　④ 직접

5. 请选择适当的内容，使用 "-ㄴ지/은지/는지" 完成下列句子。

> 담그다　　방문하다　　개강하다　　사이　　중요하다

(1) 작년에 우리가 언제 농촌 가정을 ＿＿＿＿＿＿＿ 기억해요?

(2) 공부하는 데 뭐가 가장 ＿＿＿＿＿＿＿ 모르겠어요.

(3) 다음 학기에 언제 ＿＿＿＿＿＿＿ 아세요?

(4) 김치를 어떻게 _____ 모릅니다.

(5) 두 사람이 어떤 _____ 알아요?

6. 请使用 "–는 데" 把两部分连接成一个句子。

(1) 숙제를 하다/두 시간이 걸렸다

_____

(2) 비디오를 제작하다/3일이 걸렸다

_____

(3) 외국어를 배우다/연습이 많이 필요하다

_____

(4) 비염을 예방하다/이 약이 가장 효과적이다

_____

(5) 감사의 마음을 표현하다/선물을 주는 것이 좋은 방법이다

_____

7. 请根据内容重新排列顺序，组成正确的句子。

(1) 다치다, 손, 아니라, –어요, 다리도, 뿐만, –었–

_____

(2) 여권도, 뿐만, 없다, 비자, 아니라, –어요

_____

(3) 못, 아니라, –어요, 뿐만, 듣다, 수업도, –었–, 특강

_____

(4) 학생증, 잃어버리다, 뿐만, –어요, 신분증도, 아니라, –었–

_____

(5) 가사도, 뿐만, 내려받다, –어요, 뮤직비디오, 아니라, –았–

_____

8. 请选择适当的内容，完成下列对话。

| 로/으로 | 하고 | 나/이나 | 에 의하면 | -는 데 |

(1) 가: 이런 건 어디에서 살 수 있어요?

　　나: 우리 마트에는 _____ 다 있어요. (무엇)

(2) 가: 그 곳으로 찾아가는 사람이 점점 많아지고 있네요.

　　나: 거기는 새로운 _____ 인기를 얻고 있어요. (관광지)

(3) 가: 중국 문화를 세계 곳곳에 _____ 기여하고 있어요. (알리다)

　　나: 참 대단하네요.

(4) 가: 오늘 왜 _____ 같은 옷을 입고 왔어요? (친구)

　　나: 오늘 동아리 활동이 있어서요.

(5) 가: 어느 동아리가 인기가 가장 많아요?

　　나: _____ 케이팝 동아리를 신청하는 사람이 가장 많아요. (조사)

🎧 듣기

1. 请听录音，选择适当的答语。🎧

　(1) 나: _____

　　① 대학에 입학한 지 6개월이 지났어요.

　　② 외국어는 배우기가 힘들 것 같아요.

　　③ 지난달부터 영어 학원에 다니기 시작했어요.

　　④ 미국 친구하고 같이 연습하기로 했어요.

　(2) 나: _____

　　① 제가 원하는 것하고 다른데요.

　　② 아르바이트를 하고 싶은데요.

　　③ 친구들에게 연락하지 못했어요.

④ 다음 주부터 기말시험 기간이에요.

(3) 나: _____

　① 건강하시기를 바랍니다.

　② 하고 싶은 일을 하지 못했어요.

　③ 이메일로 보내 줄 수 있어요?

　④ 내일 비가 올지 모르겠어요.

(4) 나: _____

　① 장빈 씨에게서 빌렸어요.

　② 차나 커피를 마시고 싶어요.

　③ 이번에는 꼭 합격해야겠어요.

　④ 도움이 필요하면 연락 주세요.

(5) 나: _____

　① 일주일에 수업이 12시간이에요.

　② 수업이 끝나고 집으로 돌아간 것 같아요.

　③ 관심을 가지고 많이 연습해야 돼요.

　④ 이번 방학 때 중국에 좀 더 오래 있고 싶어요.

2. 请听录音，回答下列问题。🎧

　(1) 장빈 씨는 언제부터 한국 노래를 듣기 시작했습니까?

　　① 초등학교 때　　② 중학교 때　　③ 고등학교 때　　④ 대학교 때

　(2) 들은 내용과 일치하는 것을 고르십시오.

　　① 장빈 씨는 한국 가수를 알지만 노래는 못 들어 봤다.

　　② 장빈 씨는 1900년대에 한국 가수를 알았다.

　　③ 장빈 씨는 한국 가수의 공연을 보고 한국 노내를 듣기 시작했다.

　　④ 케이팝은 미국에서 가장 먼저 인기를 얻기 시작했다.

　(3) 케이팝은 어디에서 인기가 많습니까?

　　_____

읽기

1. 请阅读下文，回答下列问题。

> 뮤직비디오는 노래나 음악에 맞게 제작되는 동영상이다. 음악을 들으면서 동시에 화면을 감상할 수 있어서 인기를 많이 얻고 있다. 좋은 뮤직비디오를 만들려면 음악뿐만 아니라 가사, 시각 이미지 등도 잘 표현해야 한다. 가사에 ( ㉠ ) 이야기를 영화처럼 만들면 더 좋은 것 같다.

(1) ( ㉠ )에 들어갈 내용으로 가장 알맞은 것을 고르십시오.

　① 어울리는　　　② 제작하는　　　③ 제출하는　　　④ 완성되는

(2) 위 글의 내용과 같은 것을 고르십시오.

　① 뮤직비디오는 화면만 있고 소리가 없다.
　② 뮤직비디오는 노래에 어울리는 동영상이다.
　③ 뮤직비디오를 만들려면 자막을 먼저 만들어야 한다.
　④ 뮤직비디오는 '소리가 있는 영화'의 뜻이다.

2. 请阅读下文，回答下列问题。

> 가은 씨는 지난 주말에 야외 음악 공연을 봤다. 날씨도 춥고 야외이기 때문에 사람이 별로 없을 거라고 생각했었는데 앉을 자리가 없었다. 저녁 6시부터 가수들이 노래를 부르기 시작했고 가은 씨는 3시간 동안 서서 구경했다. 가수들뿐만 아니라 공연을 보는 사람들도 매우 신나서 계속 춤을 추면서 노래를 불렀다. 힘들기도 했지만 가은 씨는 무척 기쁘게 공연을 끝까지 봤다. 공연이 끝나고 버스와 지하철을 기다리는 사람이 너무 많아서 가은 씨는 집까지 걸어서 갔다. 집에 가는 ( ㉠ ) 1시간이 걸렸다.

(1) ( ㉠ )에 들어갈 내용으로 알맞은 것을 고르십시오.

① 시간　　　　② 장소　　　　③ 때　　　　④ 데

(2) 위 글의 내용과 일치하면 ○, 일치하지 않으면 ×를 하십시오.

1) 공연 보는 사람이 별로 많지 않았다. (　　)

2) 공연이 저녁 9시에 끝났다. (　　)

3) 사람들이 조용히 공연을 봤다. (　　)

4) 가은 씨는 너무 힘들어서 공연이 재미없었다고 했다. (　　)

(3) 가은 씨는 어떻게 집에 돌아갔습니까? 몇 시쯤에 집에 도착했습니까?

_____

### ✏️ 쓰기

1. 请根据表格内容，写出仲基做各种事情各花了多长时间。

| 일 | 숙제 | 운동 | 소설 읽기 | 청소 | 일본어 배우기 |
|---|---|---|---|---|---|
| 시간 | 3 시간 | 2 시간 | 일주일 | 하루 | 1 년 |

(1) 숙제를 _____.

(2) 운동을 _____.

(3) 소설을 _____.

(4) 청소를 _____.

(5) 일본어를 _____.

2. 请参考课文2的内容，完成下面的短文。

　　　장빈 씨는 _____ 과제가 있는데 뭐부터 _____ 모른다. 친구는 가사 내용을 정리해야 하고 시각 이미지, 소리, _____ 자막 등을 잘 _____ 한다고 했다. 그리고 캠코더를 _____ 촬영 하면 화질이 좋다고 했다. 그런데 장빈 씨는 캠코더가 없다. 중기 씨가 장빈 씨에게 캠코더를 _____ 다고 했다. 장빈 씨는 과제를 교수 님께 _____ 전에 가은 씨한테 먼저 _____ 다고 했다.

3. 你在现场或者网上看过演唱会吗？请写一篇作文，介绍一下你看过的演唱会和观看后的感受。

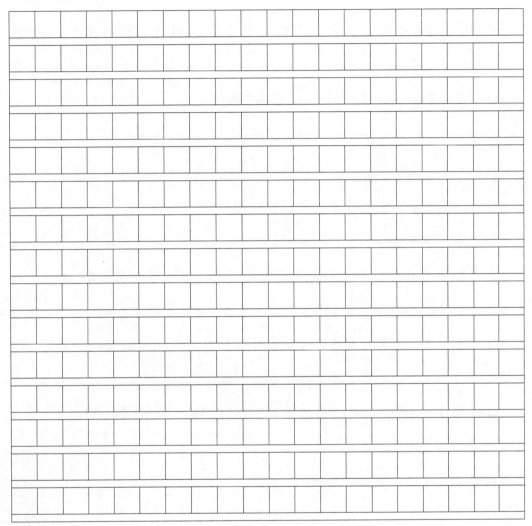

💬 번역

1. 请将下列句子翻译成韩国语。

(1) 最近，韩国电影开始在美国走红。

_____

(2) 我在网上找了很多韩国歌曲和歌词。

_____

(3) 您知道怎么去东大门市场吗？

_____

(4) 问卷调查结果显示，很多韩国语学习者通过欣赏韩国流行音乐来学习韩国语。

_____

(5) 不仅是音乐，歌词对于创作一首歌曲也很重要。

_____

2. 请将下列句子翻译成汉语。

(1) 저는 지난달부터 요리 학원에 다니기 시작했어요.

_____

(2) 다음 주 발표 자료를 정리해야 되는데 뭐부터 해야 할지 모르겠어요.

_____

(3) 저는 모르는 한국어 발음이나 문법이 있으면 가은 씨에게 물어봅니다.

_____

(4) 한국 사람들뿐만 아니라 일본 사람들도 이 영화 배우를 좋아한다.

_____

(5) 숙제를 다 하는 데 네 시간이 걸렸어요.

_____

# 무슨 좋은 일이 있나요?

## 어휘와 문법

**1. 请根据汉语，写出相应的韩国语单词或词组。**

(1) 请客，做东 _____

(2) 消息 _____

(3) 报告，汇报 _____

(4) 自己，亲自 _____

(5) 发抖，颤抖 _____

(6) 自信，自信心 _____

(7) 分数 _____

(8) 外套，大衣 _____

(9) 第二天 _____

(10) 不知不觉间 _____

(11) 上床，睡觉 _____

(12) 天气预报 _____

**2. 请根据图片内容，选择正确的答案。**

(1)

가: 잘 드셨어요?

나: ( ) 덕분에 잘 먹었습니다.

① 음료수　② 사장님　③ 자전거　④ 시험지

(2)

가: 이게 뭐예요?

나: 할머니께 드릴 ( ) 선물이에요.

① 생신　② 종일　③ 설명　④ 기침

(3)

가: 아직도 추워요?

나: 코트를 입으니까 이제는 ( ) 추워요.

① 잘　② 마침　③ 덜　④ 새로

(4)

가: 그 친구 만나 볼래요?

나: 저는 그런 남자에게 (　　) 관심이 없는데요.

① 서로　　　② 아마　　　③ 혹시　　　④ 전혀

(5)

가: 이제 좀 괜찮아요?

나: 선생님 덕분에 긴장이 다 (　　).

① 소심했어요　　　　　② 풀렸어요

③ 떨렸어요　　　　　④ 극복했어요

3. 请选择适当的内容，完成下列句子。

| 도와주다 | 사장님 | 우수하다 | 쌀쌀하다 | 소심하다 |
| 긴장되다 | 바라보다 | 떨리다 | 사라지다 | 처리하다 |

(1) 오늘 날씨가 _____ 편입니다.

(2) 시험을 보기만 하면 많이 _____ 해요.

(3) 요즘 추위가 _____ 꽃들이 아직 피지 않았습니다.

(4) 내일 아침 _____ 보고를 드리겠습니다.

(5) 창밖을 _____ 있는데 친구가 들어왔다.

(6) 친구가 _____ 덕분에 이사를 잘 했어요.

(7) 저는 쉽게 _____ 편입니다.

(8) 그 친구는 성적이 _____ 성격이 좀 좋지 않아요.

(9) 가은 씨는 _____ 편이어서 모르는 사람과 대화를 쉽게 못해요.

(10) 제가 일을 _____ 동안 어머니께서 방을 청소하셨어요.

4. 请选择正确的答案。

(1) 한국에 간 지 일주일이 되었는데 아직 (　　)이 없네요.

① 자식　　　　② 지식　　　　③ 방식　　　　④ 소식

(2) 이번 주에 과제가 많았지만 장빈 씨는 (　　) 다 했어요.

① 스스로　　　② 따로　　　③ 앞으로　　　④ 별로

(3) 이 일을 해결할 방법이 (　　) 없는 것은 아닙니다.

　　① 거의　　　　　　② 전혀　　　　　　③ 갑자기　　　　　④ 한참

(4) 어제 행사는 즐거운 (　　)에서 진행되었다.

　　① 양심　　　　　　② 예의　　　　　　③ 분위기　　　　　④ 상대방

(5) 어제 잠을 푹 자서 오늘은 (　　) 피곤해요.

　　① 더　　　　　　　② 덜　　　　　　　③ 다　　　　　　　④ 또

(6) 저는 일찍 잠자리에 (　　) 편이에요. 저녁 늦게 전화를 받기 좀 힘들어요.

　　① 드는　　　　　　② 끝는　　　　　　③ 깎는　　　　　　④ 쏘는

(7) 요즘 스트레스 때문에 (　　) 많이 나곤 해요.

　　① 감상이　　　　　② 기대가　　　　　③ 짜증이　　　　　④ 모드가

(8) 내일 발표 때 정장을 입어야 되는데 넥타이를 (　　) 방법을 잘 몰라요.

　　① 씻는　　　　　　② 매는　　　　　　③ 묻는　　　　　　④ 치는

(9) 왕나 씨는 오늘 하루 (　　) 정신이 없는 것 같아요.

　　① 휴일　　　　　　② 일일　　　　　　③ 요일　　　　　　④ 종일

(10) 이번 행사는 작년보다 (　　) 큰 편이었어요.

　　① 안색이　　　　　② 거북이　　　　　③ 규모가　　　　　④ 점수가

5. 请选择适当的内容，使用 "－ㄴ데/은데/는데" 完成下列句子。

> 어둡다　　솔직하다　　미안하다　　설명하다　　풀리다

(1) _____ 다시 한 번 말씀해 주시겠어요?

(2) 자세히 _____ 잘 이해하지 못 한 것 같아요.

(3) 긴장이 다 _____ 밥 먹을 생각이 없네요.

(4) 밤길이 _____ 내일 아침에 떠납시다.

(5) 제 친구가 성격은 _____ 말이 별로 없어서 어떤 사람인지 잘
모르겠어요.

6. 请使用 "-는 동안" 把两部分连接成一个句子。

(1) 아빠가 일을 처리하다/나는 조용히 기다렸다

_____

(2) 선생님이 행사 일정을 설명하다/장빈은 핸드폰만 보고 있었다

_____

(3) 친구들이 시험을 보고 있다/나는 책을 빌리러 도서관에 갔다

_____

(4) 왕나가 발표를 하다/중기는 사진을 많이 찍었다

_____

(5) 룸메이트가 산책을 하다/나는 낮잠을 잤다

_____

7. 请根据内容重新排列顺序，组成正确的句子。

(1) 잘하다, 를, 장빈 씨, 우리 학교, 에서, 축구, -는 편이다, 가

_____

(2) 많이, 를, 학기, 발표, -ㄴ 편이다, 이번, 하다, 에는

_____

(3) 들다, -ㄴ 편이다, 어젯밤, 잠자리에, -었다, 일찍, 에는

_____

(4) 추위, 올해는, -ㄴ 편이다, 사라지다, 늦게, 가

_____

(5) -는 편이다, 풀리다, 장빈 씨, 는, 긴장, 이, 잘

_____

8. 请选择适当的内容，完成下列对话。

> -ㄴ데/은데/는데    -ㄴ/은/는    께    -곤 하다

(1) 가: 대학원 신청은 어떻게 됐어요?

　　나: 선생님 추천을 _____ 덕분에 성공했습니다. (받다)

(2) 가: 지금 어디 가는 거예요?

　　나: _____ 드릴 선물을 사러 시내로 가요. (할머니)

(3) 가: 해외여행 준비는 다 했어요?

　　나: 지금 돈은 _____ 시간이 없어요. (있다)

(4) 가: 중기 씨는 키가 커요?

　　나: 아니요, 우리 반에서 _____ 편이에요. (작다)

(5) 가: 기숙사 청소 다 끝났어요?

　　나: 네, 룸메이트가 _____ 동안 혼자 다 했어요. (없다)

(6) 가: 평일에 어디서 공부해요?

　　나: 수업이 없는 날에는 정문 옆에 있는 카페에서 _____. (공부하다)

 듣기

1. 请听录音，选择适当的答语。🎧

　　(1) 나: _____

　　　　① 유학 가려면 한국어를 열심히 배워야 해요.

　　　　② 여러분 덕분에 정말 재미있게 보냈어요.

　　　　③ 즐거운 시간이 되시기를 바랍니다.

　　　　④ 여행 가기 전에 준비를 많이 해야 해요.

(2) 나: _____

    ① 이번 주에 과제가 정말 많네요.

    ② 친구하고 같이 숙제를 하기로 했어요.

    ③ 선배한테서 도움을 많이 받았어요.

    ④ 그 문제는 선생님께 물어 보세요.

(3) 나: _____

    ① 가려고 했는데 일이 생겨서 못 갔어요.

    ② 생일 선물을 많이 준비한 것 같은데요.

    ③ 저도 주말에 생일 파티에 가야겠어요.

    ④ 시간이 있으면 가기로 했어요.

(4) 나: _____

    ① 책은 왜 이렇게 많은지 몰라요.

    ② 나는 책 읽는 걸 좋아하는 편이에요.

    ③ 가격이 쌀 뿐만 아니라 건강에도 좋아요.

    ④ 책들을 다 읽기가 너무 힘들어요.

(5) 나: _____

    ① 발표를 하는 데 시간이 많이 걸릴 거예요.

    ② 발표를 할 때 사람들의 눈을 보면서 하는 것이 좋아요.

    ③ 발표를 많이 하려면 열심히 신청해야 해요.

    ④ 발표가 끝난 지 벌써 세 시간이 지났어요.

2. **请听录音，回答下列问题。** 🎧

  (1) 왕나 씨는 유학 신청에 성공했다는 소식을 어떻게 알았습니까?

    ① 전화를 받았다.          ② 이메일을 받았다.

    ③ 중기 씨에게서 들었다.      ④ 어머니에게서 들었다.

  (2) 들은 내용과 일치하는 것을 고르십시오.

    ① 왕나 씨는 이번 학기에 유학을 갔다.

    ② 왕나 씨는 아버지께 소식을 알려 드렸다.

③ 왕나 씨 어머니가 왕나 씨의 전화를 받았다.

④ 왕나 씨는 커피를 마시면서 전화를 기다릴 것이다.

(3) 왕나 씨는 좋은 소식을 어머니께 알려 드렸습니까?

_____

 읽기

1. 请阅读下文，回答下列问题。

> 장빈 씨는 내일 말하기 수업에서 발표를 해야 하는데 준비를 아직 잘 하지 못했다. 발표 내용을 다 썼는데 연습을 아직 하지 못한 것이다. 장빈 씨는 소심한 ( ㉠ ) 한국어로 말을 하면 긴장되곤 한다. 가은 씨가 장빈 씨를 돕기로 했다. 가은 씨 덕분에 장빈 씨는 발표를 잘 할 수 있을 것이다.

(1) ( ㉠ )에 들어갈 내용으로 가장 알맞은 것을 고르십시오.

　① 지 오래돼서　　② 것 같지만　　③ 편이어서　　④ 하기도 하고

(2) 위 글의 내용과 같은 것을 고르십시오.

　① 장빈 씨는 오늘 수업에서 발표를 잘 했다.

　② 장빈 씨는 내일 발표할 내용을 준비했다.

　③ 장빈 씨는 가은 씨보다 한국어를 잘한다.

　④ 장빈 씨는 내일 발표를 안 하기로 했다.

2. 请阅读下文，回答下列问题。

> 왕나 씨는 이번 학기에 매일 바쁘게 지내고 있다. 수업도 많고 동아리 활동도 적지 않다. 수업을 하는 동안 왕나 씨는 항상 선생님께서 하시는 말씀을 잘 듣곤 한다. 수업이 끝나고 선생님께 질문도 자주 하곤 한다. 열심히 노력하는 덕분에 왕나 씨는 우리 반에서 성적이 좋은 편이다. 수업이 없는 동안 왕나 씨는 음악 동아리의 활동을 하기도 하고 매일 반 시간씩 운동을 하기도 한다. 여유 시간이 많지 않지만 계획을 잘 세우는 덕분에 왕나 씨는 학교 생활을 즐겁게 보내고 있다. 매일 자기 전에 하루 ( ㉠ )를 정리하는 동안 왕나 씨의 마음은 매우 뿌듯하다.

(1) ( ㉠ )에 들어갈 내용으로 가장 알맞은 것을 고르십시오.

　　① 학과　　　　② 결과　　　　③ 일과　　　　④ 효과

(2) 위 글의 내용과 일치하면 ○, 일치하지 않으면 ×를 하십시오.

　　1) 왕나 씨는 이번 학기에 동아리 활동이 많지 않다. (　　)

　　2) 왕나 씨는 수업 후에 질문을 많이 한다. (　　)

　　3) 왕나 씨는 시간이 없어서 공부를 못 한다. (　　)

　　4) 왕나 씨는 학교 생활이 아주 다채롭다. (　　)

(3) 수업이 끝나고 왕나 씨는 주로 무엇을 합니까?

_____

**쓰기**

1. 请参考课文2的内容，完成下面的短文。

> 왕나 씨는 오늘 수업 시간에 _____ 있다. 준비는 많이 _____,
> _____ 것 같았다. 가은 씨는 _____ 편이어서 많은 사람들
> _____ 긴장된다. 그런데 _____ 자신감이 생기니까
> _____ 떨린다고 했다. 왕나 씨는 가은 씨와 함께 빈 _____
> 가서 가은 씨 앞에서 _____ 해 보기로 했다. 왕나 씨는 _____
> 덕분에 발표를 잘할 수 있을 것 같다.

2. 下面是大学生承受的压力情况的问卷调查图表，请根据图表写一篇短文，讲
   述大学生承受的压力和缓解压力的方法。

주로 어디에서 스트레스를 받아요?

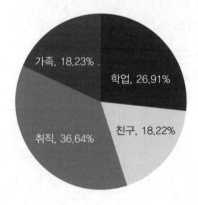

가족, 18.23%
학업, 26.91%
취직, 36.64%
친구, 18.22%

스트레스를 어떻게 풀어요?

치료를 받는다, 2.36%
친구와 이야기를 나눈다, 25.28%
스스로 해결한다, 43.63%
부모와 이야기를 나눈다, 20.52%
선생님과 이야기를 나눈다, 8.21%

3. 你的大学生活压力大吗？你怎样缓解压力？请写一篇作文，介绍一下你在大学生活中的压力和缓解压力的方法。

**번역**

1. 请将下列句子翻译成韩国语。

(1) 我能拿到奖学金，全靠老师教得好。

_____

(2) 我给奶奶买了化妆品作为生日礼物。

_____

(3) 我今天下午有时间，但晚上得参加社团活动。

_____

(4) 张斌在我们班算是个子高的。

_____

(5) 仲基玩游戏的时候，室友给教授发了封电子邮件。

_____

2. 请将下列句子翻译成汉语。

(1) 오늘 눈이 와서 많이 추운데 운동하러 가세요?

_____

(2) 저는 매운 음식을 잘 먹는 편입니다.

_____

(3) 아버지께서 요리를 준비하시는 동안 동생은 음료수를 사 왔습니다.

_____

(4) 수업하기 전에 우리는 빈 강의실에서 말하기 연습을 하곤 합니다.

_____

(5) 형이 도와준 덕분에 문제가 잘 해결되었습니다.

_____

# 제 6 과
# 뭘 선물하면 좋을지 모르겠어요

 **어휘와 문법**

1. 请根据汉语，写出相应的韩国语单词或词组。

(1) 打开（电器） _____　　(2) 手表，腕表 _____

(3) 祝贺 _____　　(4) 就业，找工作 _____

(5) 苦恼，烦恼 _____　　(6) 昨天夜里 _____

(7) 安静 _____　　(8) 吵闹，喧嚣 _____

(9) 反而 _____　　(10) 精心，诚心 _____

(11) 空气 _____　　(12) 害羞，惭愧 _____

2. 请根据图片内容，选择正确的答案。

(1)

가: 스탠드가 있는데 왜 또 샀어요?

나: 이건 오빠의 ( )에 갈 때 줄 선물이에요.

① 떡볶이　　② 젊은이　　③ 집들이　　④ 목걸이

(2)

가: 안색이 왜 그래요? 안 좋은 일이 있어요?

나: 몸이 아프니까 어머니 생각이 ( ).

① 나네요　　② 갔어요　　③ 봤어요　　④ 주네요

(3)

가: 자, 받아요. 선물이에요.

나: 이게 (　　) 떡이에요?

① 한　　　② 웬　　　③ 맨　　　④ 온

(4)

가: 어느 것이 더 좋을까요?

나: (　　), 다 괜찮은 것 같은데요.

① 그럼요　　　　　　② 여기요

③ 여보세요　　　　　④ 글쎄요

(5)

가: 정말 대단하시네요.

나: 아니에요. 이렇게 말씀하시면 제가 (　　) 부끄럽습니다.

① 별로　　　② 아무리　　　③ 오히려　　　④ 가만히

3. 请选择适当的内容，完成下列句子。

> 아이들　켜다　걸다　고민하다　교환하다
> 갈아입다　간직하다　쓰다　죽음　상대방

(1) 양복으로 ＿＿＿＿＿＿＿ 회사로 떠났어요.

(2) 그는 한참 ＿＿＿＿＿＿＿ 드디어 입을 열었다.

(3) 남자친구가 생기면서 그녀는 화장에 신경을 ＿＿＿＿＿＿＿ 되었어요.

(4) 하루 종일 텔레비전을 ＿＿＿＿＿＿＿ 놓으면 안 되지요.

(5) 이 문제는 ＿＿＿＿＿＿＿ 좀 어려운 편이에요.

(6) 교수님께서 저에게 이 소설책을 잘 ＿＿＿＿＿＿＿ 하셨다.

(7) ＿＿＿＿＿＿＿ 대해서 어떻게 생각하십니까?

(8) 코트는 옷장에 _____ 놓을까요?

(9) 새로 산 탁상시계를 머그잔 세트로 _____ 해요.

(10) 선물을 할 때 _____ 맞는 것을 골라야 합니다.

4. 请选择正确的答案。

(1) 다음 주에 (　　) 한복에 대한 발표가 있습니다.

　　① 축하　　　　　② 조용　　　　　③ 신경　　　　　④ 전통

(2) 베이징대학교 입학을 진심으로 (　　) 드립니다.

　　① 축하　　　　　② 느낌　　　　　③ 금방　　　　　④ 소원

(3) 내일의 일정을 이미 친구한테 (　　) 놓았어요.

　　① 합격해　　　② 걱정해　　　③ 얘기해　　　④ 대화해

(4) 동생한테 이것하고 (　　) 세트를 사게 했다.

　　① 대단한　　　② 똑같은　　　③ 미안한　　　④ 사나운

(5) 새로 산 시계가 마음에 안 들어서 다른 것으로 (　　) 볼까 생각하고 있어요.

　　① 취득해　　　② 반납해　　　③ 조심해　　　④ 교환해

(6) 어제 (　　)까지 쓰기 숙제를 하다가 잠이 들었어요.

　　① 반갑게　　　② 밤늦게　　　③ 무겁게　　　④ 아쉽게

(7) 어머니께서 (　　) 만들어 주신 케이크를 냉장고에 넣어 놓았어요.

　　① 정성껏　　　② 서로　　　　③ 아무튼　　　④ 아예

(8) 기말 시험이 끝나고 (　　) 방학을 하게 되었어요.

　　① 어쩌다　　　② 여전히　　　③ 드디어　　　④ 자세히

(9) 슬프거나 아플 때 어머니 생각이 (　　)곤 해요.

　　① 하　　　　　② 나　　　　　③ 가　　　　　④ 주

(10) 좋은 선물을 하려면 신경을 많이 (　　)야 됩니다.

　　① 써　　　　　② 봐　　　　　③ 줘　　　　　④ 자

5. 请选择适当的内容，使用 "-아/어/여 놓다" 完成下列句子。

> 켜다 　 걸다 　 애기하다 　 꽂다 　 열다

(1) 시험 시간을 미리 친구들한테 _____.

(2) 방 안 공기가 안 좋으니까 창문을 _____.

(3) 꽃을 책 사이에 예쁘게 _____.

(4) 날씨가 더우니까 집에 도착하기 전에 핸드폰으로 에어컨을 _____.

(5) 새로 산 옷을 옷장에 _____.

6. 请使用 "-다가" 把两部分连接成一个句子。

(1) 회사에 가다/사장님 전화를 받았다

_____

(2) 회의를 진행하다/배가 아파서 화장실로 갔다

_____

(3) 연휴를 즐기다/급한 일이 생겨서 회사로 돌아갔다

_____

(4) 일을 처리하다/컴퓨터가 고장이 나서 일을 끝내지 못했다

_____

(5) 새로운 게임을 개발하다/돈이 모자라서 포기했다

_____

7. 请根据内容重新排列顺序，组成正确的句子。

(1) 방법, 을, -어 주세요, 신청하다, -는, 에 대해, 여권, 알리다

_____

(2) 논문, 에 대한, -려고 해요, 문화, 대학, 을, 쓰다

_____

(3) -기 바랍니다, 을, 다음 주, 에 대해, 의, 주시다, 발표, 조언

_____

(4) 듣다, 역사, 강의, -기로 했어요, 를, 중국, 에 대한

_____

(5) 얘기하다, -고 싶어요, 에 대해, 좀, 취직 문제

_____

8. 请选择适当的内容，完成下列对话。

> 한테     -아/어/여 놓다     -다가     로/으로     -게 되다     에 대해

(1) 가: 실례하지만 교보문고에 어떻게 가요?

　　나: 이 길로 쭉 _____ 사거리에서 왼쪽으로 가세요. (가다)

(2) 가: 지금 어디로 가요?

　　나: 이번 시험 _____ 교수님께 여쭤볼 게 있어서 강의동에 가
　　　는 길이에요. (성적)

(3) 가: 이 핸드폰은 산 지 오래돼서 고장이 자주 나요.

　　나: 인터넷 쇼핑몰에서 새 _____ 바꾸세요. (것)

(4) 가: 오늘 왜 걸어서 학교에 왔어요?

　　나: 자전거를 _____ 빌려줬어요. (룸메이트)

(5) 가: 또 사이다를 마셔요?

　　나: 어쩐지 난 요즘 음료수를 _____. (좋아하다)

(6) 가: 내일 등산 가는데 식사는 어떻게 하는 게 좋을까요?

　　나: 제가 내일 먹을 것을 미리 _____. (준비하다)

## 🎧 듣기

1. 请听录音，选择适当的答语。🎧

(1) 나: _____

　　① 이 꽃이 정말 예쁘군요.

　　② 친구한테 줄 생일 선물이에요.

　　③ 어디서 꽃을 살 수 있을까요?

　　④ 이 꽃을 예쁘게 꽂아 주세요.

(2) 나: _____

　　① 맛있게 먹겠습니다.

　　② 친구하고 나눠 먹읍시다.

　　③ 주말에 만들어 먹었어요.

　　④ 냉장고에 넣어 놓았어요.

(3) 나: _____

　　① 학교에 가다가 배가 아파서 돌아왔어요.

　　② 어제는 시험을 보지 않았어요.

　　③ 대학원 신청을 어떻게 하는지 모르겠어요.

　　④ 오늘 수업에 대해서 궁금한 것이 있는데요.

(4) 나: _____

　　① 열람실에 자리가 없어서요.

　　② 저는 공부를 좋아하는 편인데요.

　　③ 매일 공부하는 것은 건강에 좋은데요.

　　④ 저도 형처럼 공부를 잘했으면 좋겠어요.

(5) 나: _____

　　① 네, 주말에 공부를 열심히 해요.

　　② 노래를 들으면서 공부하는 게 좋아요.

　　③ 다음 주에 갑자기 시험을 보게 되었어요.

　　④ 오후에 같이 도서관에 공부하러 가 줄게요.

2. 请听录音，回答下列问题。🎧

    (1) 왕나 씨는 누구한테 선물할 것입니까?

      ① 중기 씨              ② 아는 언니

      ③ 대학 시험을 보는 사람     ④ 룸메이트

    (2) 들은 내용과 일치하는 것을 고르십시오.

      ① 왕나 씨는 선물을 준비해 놓았다.

      ② 아는 언니는 대학원 시험에 붙었다.

      ③ 왕나 씨는 인터넷 쇼핑몰에서 아는 언니에게 줄 선물을 고르고 있다.

      ④ 떡을 먹으면 시험에 꼭 붙을 수 있다.

    (3) 한국에서는 왜 입시를 보는 사람에게 떡을 선물합니까?

    _____

## 읽기

1. 请阅读下文，回答下列问题。

> 다음 주 수요일은 서준 씨 여자친구의 생일이다. 서준 씨는 여자친구에게 무슨 선물을 하면 좋을지 몰라서 고민하다가 마침 저를 만나고 저한테 물었다. 저는 그냥 꽃을 선물하는 것이 좋을 것 같다고 했다. 서준 씨는 작년 생일 때 꽃을 선물했다고 했다. 저도 무엇을 선물하면 좋을지 몰라서 서준 씨하고 같이 ( ㉠ ) 되었다.

(1) ( ㉠ )에 들어갈 내용으로 가장 알맞은 것을 고르십시오.

    ① 고민하게     ② 선물하게     ③ 물어보게     ④ 결혼하게

(2) 위 글의 내용과 같은 것을 고르십시오.

    ① 서준 씨는 다음 주에 생일이다.

    ② 글쓴이는 장빈 씨에게 꽃을 선물했다.

③ 서준 씨는 작년에 여자친구에게 선물을 하지 않았다.

④ 글쓴이도 무슨 선물을 하면 좋을지 잘 모른다.

## 2. 请阅读下文，回答下列问题。

선물에는 좋은 것도 있고 나쁜 것도 있다. 선물을 하려는 마음은 좋지만 상대방을 잘 모르면 나쁜 선물을 하게 될 수 있는 것이다. 특히 선물을 할 대상이 외국인인 경우에는 서로 다른 문화 때문에 실수를 할 수 있다. 예를 들면 중국 사람에게 탁상시계를 선물하면 안 좋으며 프랑스 사람에게 노란 색 꽃을 선물하면 안 좋은 것이다. 그러니까 선물하기 전에 상대방 나라의 선물 문화에 ( ㉠ ) 좀 알아야 한다. 예를 들면 입시를 보게 되는 한국 사람에게 찹쌀떡이나 엿을 선물하면 상대방의 마음을 기쁘게 할 수 있다. 좋은 의미와 그 나라의 문화가 모두 선물에 담겼기 때문이다.

(1) ( ㉠ )에 들어갈 내용으로 가장 알맞은 것을 고르십시오.

①  바래서 　　　②  대해서 　　　③  더해서 　　　④  처해서

(2) 위 글의 내용과 일치하면 ○, 일치하지 않으면 ×를 하십시오.

1) 외국인에게 선물할 때 조심해야 한다. (　　　)

2) 프랑스 사람들은 노란 색 꽃을 좋아한다. (　　　)

3) 한국인에게 엿을 선물하면 안 된다. (　　　)

4) 중국 사람들은 선물 받기를 싫어한다. (　　　)

(3) 상대방이 외국인인 경우 어떤 선물을 하면 좋을까요?

_____

쓰기

1. 请参考课文2的内容，完成下面的短文。

　　가은 씨는 얼마 전에 _____ 중국 친구에게 선물로 _____ 탁상시계를 살까, 머그잔 세트를 _____ 한참 _____ 탁상시계를 샀다. 그런데 왕나 씨는 시계의 중국어 _____ 죽음을 _____ '终'하고 _____ 중국에서는 선물을 _____ 한다고 했다. 가은 씨는 머그잔 세트로 _____ 다고 했다. 왕나 씨는 "오늘 _____ 영수증을 가지고 가면 _____ 줄 거예요."라고 했다.

2. 下面是关于送礼物的问卷调查图表，根据图表内容，写一篇短文，讲述中国人送礼的方式等。

주로 누구한테 선물을 해요?

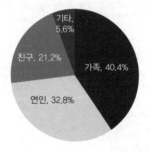

주로 어디에서 선물을 사요?

주로 어떤 가격의 선물을 사요?

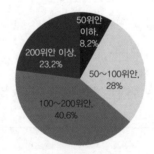

3. 你希望收到贵重的礼物吗？你怎样看待贵重的礼物？写一篇作文，谈谈你对贵重礼物的看法。

번역

1. 请将下列句子翻译成韩国语。

(1) 送女朋友手表作为圣诞礼物。

_____

(2) 晚上睡觉之前一定要把门关好。

_____

(3) 我下午在宿舍看着看着电影就睡着了。

_____

(4) 老师让学生多读韩国小说。

_____

(5) 这个期末我要写一篇有关韩剧的论文。

_____

2. 请将下列句子翻译成汉语。

(1) 점심에 집에 돌아갔을 때 어머니께서 이미 밥을 해 놓으셨어요.

_____

(2) 발표 준비를 하다가 전화를 받고 밖으로 나갔어요.

_____

(3) 새로 산 목도리가 마음에 안 들어서 다른 것으로 바꾸려고 해요.

_____

(4) 이곳에서 산책하면 몸과 마음을 쉬게 할 수 있어요.

_____

(5) 영화 동아리에 가입하면서 좋은 영화를 많이 보게 되었어요.

_____

# 제 7 과
# 건강이 제일 중요하잖아요

## 🔖 어휘와 문법

1. 请根据汉语，写出相应的韩国语单词或词组。

(1) 体力 _____   (2) 结实，健壮 _____

(3) 贷款，外借 _____   (4) 皮肤 _____

(5) 掉肉，变瘦 _____   (6) 经济 _____

(7) 钥匙 _____   (8) 二手车 _____

(9) 解决 _____   (10) 选择 _____

(11) 床 _____   (12) 挨骂，受罚 _____

2. 请根据图片内容，选择正确的答案。

(1)

가: 손님, (     )가/이 있습니다.

나: 네, 감사합니다.

① 비누　　② 찜질복　　③ 수건　　④ 열쇠

(2)

가: 시험이 끝나고 어디로 놀러 갈까요?

나: (     )에 가는 게 어때요?

① 시험장　　　　　② 찜질방

③ 코인 노래방　　　④ 운동장

(3)

가: 비가 올 것 같은데 (     )을/를 가져가요.

나: 네, 고마워요.

① 우산　　② 우유　　③ 모자　　④ 신발

(4)

가: (　　　)을/를 먹으러 갈래요?

나: 너무 늦었어요. 지금 먹으면 살이 쪄요.

① 야식　　　　　　　　② 아침

③ 저녁　　　　　　　　④ 점심

(5)

가: 어느 과목이 가장 어려워요?

나: (　　　)가/이 가장 어려운 것 같아요.

① 영어　　② 음악　　③ 미술　　④ 수학

3. 请选择适当的内容，完成下列句子。

| 유지하다 | 새우다 | 뚫리다 | 적응하다 | 풀다 |
| 활기차다 | 빠지다 | 날아가다 | 거르다 | 찌다 |

(1) 피로를 _____ 방법을 알려 주세요.

(2) 방학 동안 집에서 운동을 안 하고 매일 밥을 많이 먹어서 살이 많이 _____
_____.

(3) 자주 밤을 _____ 건강에 해롭습니다.

(4) 대학 생활에 _____ 데 시간이 좀 필요해요.

(5) 모임이 취소되었다는 소식을 듣고 나니 힘이 쭉 _____.

(6) 직원들이 모두 _____ 일하고 있어요.

(7) 산에 오르면 가슴이 뻥 _____.

(8) 건강을 _____ 꾸준히 운동하는 것이 좋다.

(9) 식사를 자주 _____ 몸에 안 좋아요.

(10) 가족이나 친구와 얘기를 나누고 나면 스트레스가 다 _____.

4. 请选择正确的答案。

(1) 요즘 운동을 안 하니까 체력이 많이 (　　) 것 같아요.

① 강해진　　　② 약해진　　　③ 튼튼해진　　　④ 활기찬

(2) 가: 요즘 화장하는 방법을 배우고 있어요.

나: (　　) 얼굴이 예뻐졌어요.

① 부쩍　　　　② 저절로　　　　③ 어쩐지　　　　④ 또한

(3) 노래를 하면 스트레스가 (　　) 풀려요.

① 뻥　　　　② 꾸준히　　　　③ 확　　　　④ 가득

(4) 노래 한 (　　) 불러 볼래요?

① 곡　　　　② 개　　　　③ 편　　　　④ 권

(5) 숙제를 (　　) 밤을 새웠어요.

① 하니까　　　　② 해서　　　　③ 하면　　　　④ 하느라고

(6) 인생(　　) 있어서 무엇이 가장 중요해요?

① 에서　　　　② 에　　　　③ 에게　　　　④ 으로

(7) 쇼핑을 (　　) 기분이 좋아질 거예요.

① 하고 나면　　　　② 하고 나니　　　　③ 하는데　　　　④ 하려면

(8) 밥 먹기 좋은 (　　)가/이 있으면 추천해 주세요.

① 데　　　　② 것　　　　③ 때　　　　④ 적

(9) 우리 맛있는 거 먹으러 가요. 배가 (　　).

① 고픈가요　　　　② 고프나요　　　　③ 고픈가 봐요　　　　④ 고프잖아요

(10) 피곤하시면 침대(　　) 누워서 쉬세요.

① 를　　　　② 에서　　　　③ 에　　　　④ 로

5. 请选择适当的内容，使用 "–ㄹ/을 정도로" 完成下列句子。

> 몰라보다　　날아가다　　미치다　　거르다　　일어나다

(1) 그는 자주 식사를 ＿＿＿＿＿＿＿＿＿＿＿ 바빠요.

(2) 영희는 얼굴이 _____ 예뻐졌어요.

(3) 그는 고등학교 때 _____ 공부했어요.

(4) 어제 못 _____ 배가 아팠어요.

(5) 스트레스가 확 _____ 경치가 아름다웠어요.

6. 请使用 "–고 나다" 把两部分连接成一个句子。

(1) 단어의 뜻을 알다/문장을 쉽게 이해할 수 있다

_____

(2) 지하철에서 내리다/다른 역이었다

_____

(3) 그는 말을 하다/춤을 추면서 노래를 불렀다

_____

(4) 운동을 하다/식욕이 좋아질 것이다

_____

(5) 산책을 하다/기분이 많이 좋아졌다

_____

7. 请根据内容重新排列顺序，组成正确的句子。

(1) 손님, 오다, –아서, 이, 바쁘다, 밥, 는, 준비하다, 을, 언니, –느라고

_____

(2) 마음, 중요한, 것은, 이다, 에게 있어서, 사람들, 가장

_____

(3) 다르다, 예절, 과, 은, 중국의, 한국, 식사, –ㄴ가 보다

_____

(4) 이, 이상을, 음식점은, –ㄹ 정도로, 많다, 1시간, 기다리다, –어야 하다, 손님이

_____

(5) 하다, 친구들, 숙제, 놀러 나갔다, 를, –고 나서, 과

_____

8. 请选择适当的内容，完成下列对话。

> -느라고    -잖아요    -고 나면    -ㄹ/을 정도로    -나 보다

(1) 가: 왜 부모님께 말씀드리지 않았어요?

　　나: 경기를 _____ 잊어버렸어요. (준비하다)

(2) 가: 지난달에 매일 _____ 일이 많았어요. (밤을 새우다)

　　나: 많이 힘들었겠어요.

(3) 가: 벌써 10시인데 왕나 씨가 아직 안 왔어요.

　　나: 무슨 일이 _____. (생기다)

(4) 가: 학습 과정에서 하나를 _____ 열을 알아야 해요. (알다)

　　나: 말은 쉽지만 하기는 어려워요.

(5) 가: 왜 가은 씨를 추천했어요?

　　나: 춤도 잘 추고 노래도 잘 _____. (부르다)

🎧 듣기

1. 请听录音，选择适当的答语。🎧

(1) 나: _____

　　① 채소가 신선한가 봐.　　② 사람이 많은가 봐.

　　③ 값이 비싼가 봐.　　④ 맛있는 게 없는가 봐.

(2) 나: _____

　　① 어쩐지 살이 쪘어요.　　② 어쩐지 몸이 날씬해졌어요.

　　③ 왠지 살이 쪘어요.　　④ 왠지 몸이 날씬해졌어요.

73

(3) 나: _____

① 밤을 새운가 봐요.

② 밤을 새우고 나면 머리가 아파요.

③ 시험 준비를 하느라고 밤을 새워서 늦게 일어났어요.

④ 내일 시험이 있어서 밤을 새워야겠네요.

(4) 나: _____

① 시험을 준비하느라고 못 갔어요.

② 내일 파티가 있나 봐요.

③ 요즘 바빠서 갈 수 없어요.

④ 내일 파티가 있잖아요.

(5) 나: _____

① 그래요?                    ② 그럼요.

③ 저는 산이 좋아요.          ④ 저야 좋지요.

## 2. 请听录音，回答下列问题。🎧

(1) 두 사람은 무엇에 대해 이야기하고 있습니까?

① 요가            ② 저녁            ③ 다이어트            ④ 학업

(2) 들은 내용과 일치하는 것을 고르십시오.

① 왕나 씨가 살을 빼려고 한다.

② 왕나 씨가 가은 씨에게 요가를 가르쳐 주려고 한다.

③ 왕나 씨가 학업 쫓아가느라고 바쁘다.

④ 가은 씨는 요가를 배운 적이 있다.

(3) 왕나 씨는 건강을 지키기 위해서 무엇을 해야 한다고 생각합니까?

_____

(4) 가은 씨는 예전에 무슨 운동을 했습니까?

_____

**읽기**

1. 请阅读下文，回答下列问题。

건강을 위해서 잘 자고 잘 먹는 것이 중요하다. 몸은 아픈 부분을 스스로 치료할 수 있다. 그런데 몸이 스스로 치료를 하는 시간은 ( ㉠ ) 사람이 잠을 자는 시간이다. 치료를 위해 필요한 수면 시간은 하루 6~8시간 정도이다. 그래서 쌓인 피로와 스트레스를 풀려면 6시간 이상 푹 자야 한다.

요즘 사람들은 바쁘기 때문에 인스턴트 음식을 많이 사 먹는다. 인스턴트 음식에는 조미료와 지방이 있어서 많이 먹으면 몸에 좋지 않다. 그래서 컵라면, 햄버거와 같은 인스턴트 음식은 먹지 않는 것이 좋다.

(1) ( ㉠ )에 들어갈 내용으로 가장 알맞은 것을 고르십시오.

① 왠지        ② 바로        ③ 꾸준히        ④ 어쩐지

(2) 위 글의 내용과 다른 것을 고르십시오.

① 잠을 잘 때 몸이 아픈 부분을 스스로 치료할 수 있다.

② 6시간 이상 자야 쌓인 피로를 풀 수 있다.

③ 사람들은 바쁘기 때문에 인스턴트 음식을 많이 먹어도 괜찮다.

④ 건강을 지키기 위해서는 인스턴트 음식을 먹지 말아야 한다.

수면(睡眠) [名] 睡眠     조미료(調味料) [名] 调料     지방(脂肪) [名] 脂肪     컵라면(cup--) [名] 泡面
햄버거(hamburger) [名] 汉堡包

2. 请阅读下文，回答下列问题。

건강은 우리가 살아가는 데 가장 소중한 재산이다. 한국 사람들은 이러한 건강을 지키기 위해서 운동 등 여러 가지 노력을 하기도 하지만, 몸에 좋은 여러 가지 음식을 챙겨 먹기도 한다. 몸에 좋은 음식으로는 인삼과 꿀이 대표적이다. 인삼이나 꿀은 차로 만들어 먹기도 하고 음식에 넣어서 먹기도 한다.

그 외에 보약이 있다. 보약은 몸이 ( ㉠ ) 건강을 지키기 위해서 먹는 약이다. 한의원에서 몸에 좋은 약재를 사람들의 체질과 병에 맞도록 처방하여 만드는 것이다. 그래서 한국 사람들은 피로가 쌓였을 때나 몸이 허약해졌다고 느낄 때 보통 보약을 먹는다.

(1) ( ㉠ )에 들어갈 내용으로 가장 알맞은 것을 고르십시오.

　① 아프지 않아도　② 아파서　　　③ 아파도　　　④ 아프지 않지만

(2) 위 글의 내용과 일치하면 ○, 일치하지 않으면 ×를 하십시오.

　1) 한국 사람들은 건강을 위해서 인삼차와 꿀차를 먹는다. (　　)

　2) 한국 사람들은 건강을 위해서 여러 가지 노력을 한다. (　　)

　3) 보약은 몸이 아플 때만 먹는 약이다. (　　)

　4) 한국인들은 스트레스가 쌓였을 때 보약을 먹는다. (　　)

(3) 한국인들은 건강을 챙기기 위해 어떤 음식을 먹습니까?

_____

(4) 중국에서는 건강을 지키기 위해 무엇을 먹습니까?

_____

재산(財産) [名] 财产　　인삼(人蔘) [名] 人参　　꿀 [名] 蜂蜜　　보약(補藥) [名] 补药
한의원(韓醫院) [名] 韩医院　　약재(藥材) [名] 药材　　체질(體質) [名] 体质
처방하다(處方--) [动] 开处方　　허약하다(虛弱--) [形] 虚弱

쓰기

1. 请根据图片内容，回答下列问题。

(1) 코로나19를 예방하기 위해 어떤 것을 주로 합니까?

_____

(2) 코로나19를 예방하기 위한 자신의 방법을 소개해 보세요.

_____

2. 请参考课文2的内容，完成下面的短文。

　　왕나 씨와 가은 씨는 주말에 같이 등산을 가려고 한다. 오랜만에 산에 가서 _____를/을 마시고 싶어한다. 혹시 비가 올지도 모르니까 _____ 가기로 했다. 왕나 씨는 장빈 씨에게 _____ 문자 메시지를 보냈는데 _____. 그래서 이번에는 왕나 씨와 가은 씨 둘만 가기로 했다. 요즘 가은 씨가 장빈 씨하고 _____. 두 사람이 매일 _____를/을 하고 있다. 가은 씨는 야식도 안 먹어서 몸이 _____. 왕나 씨는 주말에 산에 다녀서 _____.

3. 请写一篇作文，介绍一下你保持健康的方法。

|  |  |  |  |  |  |  |  |  |  |  |  |  |  |  |  |  |  |  |  |
|--|--|--|--|--|--|--|--|--|--|--|--|--|--|--|--|--|--|--|--|
|  |  |  |  |  |  |  |  |  |  |  |  |  |  |  |  |  |  |  |  |
|  |  |  |  |  |  |  |  |  |  |  |  |  |  |  |  |  |  |  |  |
|  |  |  |  |  |  |  |  |  |  |  |  |  |  |  |  |  |  |  |  |
|  |  |  |  |  |  |  |  |  |  |  |  |  |  |  |  |  |  |  |  |
|  |  |  |  |  |  |  |  |  |  |  |  |  |  |  |  |  |  |  |  |
|  |  |  |  |  |  |  |  |  |  |  |  |  |  |  |  |  |  |  |  |
|  |  |  |  |  |  |  |  |  |  |  |  |  |  |  |  |  |  |  |  |
|  |  |  |  |  |  |  |  |  |  |  |  |  |  |  |  |  |  |  |  |
|  |  |  |  |  |  |  |  |  |  |  |  |  |  |  |  |  |  |  |  |
|  |  |  |  |  |  |  |  |  |  |  |  |  |  |  |  |  |  |  |  |
|  |  |  |  |  |  |  |  |  |  |  |  |  |  |  |  |  |  |  |  |
|  |  |  |  |  |  |  |  |  |  |  |  |  |  |  |  |  |  |  |  |
|  |  |  |  |  |  |  |  |  |  |  |  |  |  |  |  |  |  |  |  |
|  |  |  |  |  |  |  |  |  |  |  |  |  |  |  |  |  |  |  |  |

💬 번역

1. 请将下列句子翻译成韩国语。

(1) 那个人懂得真多，应该读过很多书。

_____

(2) 我最近因为准备考试，忙得连吃饭的时间都没有。

_____

(3) 佳恩不是从小就很善良嘛。

_____

(4) 你认为对学生来说最重要的是什么？

_____

(5) 我听到这个消息之后心情变好了。

_____

2. 请将下列句子翻译成汉语。

(1) 식사가 끝나고 나서 회의를 시작합시다.

_____

(2) 왕나 씨는 외국어를 배우는 데에 있어서 경험이 많아요.

_____

(3) 요가를 하고 나면 쌓인 피로가 눈 녹듯이 사라진다.

_____

(4) 왜 그냥 나왔어요? 보고 싶은 영화가 없나 봐요.

_____

(5) 연락하지 마세요. 지금은 잠을 자는 시간이잖아요.

_____

# 제 8 과

# 여행을 가고 싶은데요

## 📖 어휘와 문법

1. 请根据汉语，写出相应的韩国语单词或词组。

(1) 机票 ＿＿＿＿＿＿＿＿ (2) 联系方式 ＿＿＿＿＿＿＿＿

(3) 慢慢地 ＿＿＿＿＿＿＿＿ (4) 期待，希望 ＿＿＿＿＿＿＿＿

(5) 小，幼小 ＿＿＿＿＿＿＿＿ (6) 中间，中央 ＿＿＿＿＿＿＿＿

(7) 上去 ＿＿＿＿＿＿＿＿ (8) 规定 ＿＿＿＿＿＿＿＿

(9) 有魅力的，迷人的 ＿＿＿＿＿＿＿＿ (10) 回忆，记忆 ＿＿＿＿＿＿＿＿

(11) 艺术 ＿＿＿＿＿＿＿＿ (12) 决定，决出 ＿＿＿＿＿＿＿＿

2. 请根据图片内容，选择正确的答案。

(1)

가: 어젯밤에 좋은 (     ).

나: 무슨 꿈인데요?

① 잠을 잤어요　　　② 낮잠을 잤어요

③ 춤을 췄어요　　　④ 꿈을 꿨어요

(2)

가: 방 키입니다. (     ) 쉬세요.

나: 감사합니다.

① 천천히　② 편히　③ 멀리　④ 가까이

(3)

가: 어떻게 할지 결정했어요?

나: 네, (     )를/을 가려고요.

① 배낭여행　　　② 패키지여행

③ 여행사　　　④ 여행 가방

(4)

가: 어떤 곳에 가고 싶어요?

나: 자연 경관이 (　　) 곳에 가고 싶어요.

① 멋진　　② 귀한　　③ 즐비한　　④ 깊은

(5)

가: 이 건물이 정말 멋지네요.

나: 이 건물은 유명한 건축가에 의해 (　　) 거예요.

① 결정된　　② 선출된　　③ 설계된　　④ 등재된

3. 请选择适当的内容，完成下列句子。

> 들다　　묵다　　문의하다　　알아보다　　메다
>
> 짜다　　닫히다　　걸리다　　반하다　　매력적이다

(1) 이 영화의 여자 주인공은 ＿＿＿＿＿＿＿＿ 외모와 성격을 가진 여자예요.

(2) 자세한 내용은 의사에게 ＿＿＿＿＿＿.

(3) 벽에 ＿＿＿＿＿＿＿ 그림은 누구의 작품입니까?

(4) 해외여행을 가고 싶지만 돈이 많이 ＿＿＿＿＿＿＿ 꿈도 못 꾸겠어요.

(5) 그녀를 만나자마자 첫눈에 ＿＿＿＿＿＿.

(6) 베이징에 놀러 갔을 때 친구 집에서 며칠 ＿＿＿＿＿＿.

(7) 출발하기 전에 여행 일정을 미리 ＿＿＿＿＿＿.

(8) 문이 ＿＿＿＿＿＿ 못 들어갔어요.

(9) 동생은 가방을 ＿＿＿＿＿＿ 학교로 갔어요.

(10) 인터넷으로 ＿＿＿＿＿＿ 아실 수 있을 거예요.

4. 请选择正确的答案。

(1) 이번 경주 여행은 (　　) 경치를 구경하고 역사 공부도 할 수 있다.

① 멋진　　　　② 깊은　　　　③ 나쁜　　　　④ 귀한

(2) 친구의 말을 듣고 나니 한 (　　)의 그림 같은 경치가 눈앞에 펼쳐지는 것 같아요.

① 곡　　　　　② 폭　　　　　③ 끼　　　　　④ 곳

(3) 수술 일정이 (　　) 연락드리겠습니다.

① 놓이면　　　② 쓰이면　　　③ 쌓이면　　　④ 잡히면

(4) 문이 (　　) 누구나 다 들어올 수 있어요.

① 꽂혀 있으면　② 걸려 있으면　③ 닫혀 있으면　④ 열려 있으면

(5) 할 일이 많지만 배고프니까 (　　) 밥부터 먹어요.

① 일단　　　　② 비록　　　　③ 또한　　　　④ 드디어

(6) 높은 산에 올라가 보면 도시 전체가 (　　)에 보입니다.

① 한번　　　　② 한편　　　　③ 한눈　　　　④ 한참

(7) 약속을 (　　) 너무 걱정하지 마세요.

① 지킬 테니까　② 지키려면　　③ 지키느라고　④ 지키는데

(8) 그 도둑은 이미 경찰(　　) 잡혔다.

① 을 위해　　　② 에 의해　　　③ 에 대해서　　④ 에게 있어서

(9) 같이 가요. 마침 나도 마트에 가야 하(　　).

① -잖아요　　　② -는군요　　　③ -거든요　　　④ -고 있어요

(10) 이 물만두는 수입 밀가루로 (　　) 맛이 조금 달라요.

① 만들어 놓아서　　　　　② 만들고 있어서

③ 만들어지는지　　　　　④ 만들어져서

5. 请选择适当的内容，使用 "–군요/는군요" 完成下列句子。

> 기대하다    등재되다    이상하다    인상적이다    재주이다

(1) 이번 여행에서 딸기 따기 체험이 가장 _____.

(2) 이것은 정말 특별한 _____.

(3) 찌개에 조미료를 잘못 넣었나 봐요. 맛이 _____.

(4) 며칠 전에 쓴 글이 잡지에 _____.

(5) 내년에 좋은 소식이 있기를 많이 _____.

6. 请使用 "–ㄹ/을 테니까" 把两部分连接成一个句子。

(1) 제가 저녁을 사다/맛있게 드세요

_____

(2) 제가 찾아가다/거기서 기다려 주세요

_____

(3) 열심히 하다/너무 걱정하지 마세요

_____

(4) 청소는 내가 하다/가은 씨는 밥 좀 해 줘요

_____

(5) 내가 설명해 주다/잘 들으세요

_____

7. 请根据内容重新排列顺序，组成正确的句子。

(1) 초대, 의, 집들이, 를, 교수님, –은 적이 있다, 에, 받다

_____

(2) 행동, 는, 결과, 만들어진다, 에 의해

_____

(3) -지 않았다, 잘못, 그의, 아무도, 것, 이, 아니라는, 믿다, 을, -으려고 하다

_____

(4) 그는, 공연이, 불, 자리, 이, 에, 켜진 후에도, -아 있었다, 끝나다, 계속, 앉다, -고

_____

(5) 잘생겼다, -거든요, 그, 왜, 남자 배우가, 있다, -느냐 하면, 인기가

_____

8. 请选择适当的内容，完成下列对话。

> -ㄴ/은 적이 있다/없다    -거든요    -군요/는군요
>
> -아/어/여 있다    -아/어/여지다

(1) 가: 사람들은 왜 그를 싫어해요?

나: 자주 거짓말을 _____. (하다)

(2) 가: 사랑하는 사람과 결혼하는 꿈을 꿨어.

나: 소원이 _____. (이루다)

(3) 가: 벌써 오셨네요.

나: 좀 _____. 식사를 준비해 두었으니 어서 드세요. (늦다)

(4) 가: 등산을 안 좋아해요?

나: 등산을 하다가 다리를 _____. 그 뒤로는 등산을 못하게 됐어요. (다치다)

(5) 가: 귀여운 조카를 데리고 왔다고 들었어요. 지금 어디 있어요?

나: 저기 침대에 _____ 아이예요. (눕다)

## 🎧 듣기

1. 请听录音，选择适当的答语。🎧

(1) 나: _____

① 다이어트 하고 있거든요.　　② 매일 저녁을 안 먹거든요.

③ 살이 많이 빠졌거든요.　　④ 매일 일찍 자거든요.

(2) 나: _____

① 아니요, 못 들어 봤어요.　　② 아니요, 들어 봤어요.

③ 네, 못 들어 봤어요.　　④ 네, 들은 적이 없어요.

(3) 나: _____

① 고마워요. 제가 할게요.　　② 알겠어요.

③ 호텔을 예약한 적이 있어요.　　④ 잘 모르겠어요.

(4) 나: _____

① 이 문제가 참 어렵군요.　　② 정말 잘 못하는군요.

③ 머리가 정말 좋군요.　　④ 머리가 정말 좋거든요.

(5) 나: _____

① 나중에 선출돼요.　　② 성적에 의해서 선출돼요.

③ 장학생이 선출됐어요.　　④ 장학금을 받았어요.

2. 请听录音，回答下列问题。🎧

(1) 두 사람은 무엇에 대해 이야기하고 있습니까?

① 도착 시간　　② 호텔 예약　　③ 햇빛　　④ 연락처

(2) 들은 내용과 일치하는 것을 고르십시오.

① 왕나 씨는 1인실을 예약했다.

② 왕나 씨는 11월 20일에 도착한다.

③ 왕나 씨는 호텔에서 5일 묵을 것이다.

④ 왕나 씨는 방을 두 개 예약했다.

(3) 왕나 씨는 어떤 방을 예약했습니까?

_____

## 🔊 읽기

**1.** 请阅读下文，回答下列问题。

장자제(张家界)는 중국의 유명한 여행 도시 가운데 하나로 후난성 서북부에 위치해 있다. 창사시(長沙市)로부터 400km의 거리에 있다. B.C.221년부터 도시가 시작되었으며, 대용(大庸)이라고 불려 왔다. 1994년 4월 4일에 장자제시로 명칭을 바꾸었다. 장자제는 높은 산과 깊은 협곡이 일품이다. 자연 경관이 뛰어나 1982년 9월에 장자제가 중국에서 ( ㉠ ) 국가삼림공원이 된 후 1988년 8월에는 우링위안(武陵源)이 국가 중요 자연풍경구로 지정되었다. 1992년에는 장자제 국가삼림공원, 쒀시위(索溪峪) 풍경구, 톈쯔산(天子山) 풍경구가 우링위안 자연풍경구와 함께 세계 자연 유산으로 등재되었다. 주된 산업은 관광업이며 한국, 일본 등 아시아 지역에서 관광과 투자를 위해 사람들이 많이 찾는다.

(1) ( ㉠ )에 들어갈 내용으로 가장 알맞은 것을 고르십시오.

　① 저절로　　　　② 일단　　　　③ 먼저　　　　④ 최초로

(2) 위 글의 내용과 같은 것을 고르십시오.

　① 장자제는 창사시에서 가깝다.

　② 장자제는 아름다운 자연 경관으로 유명하다.

서북부(西北部) [名] 西北部　　명칭(名稱) [名] 名称　　삼림(森林) [名] 森林
자연풍경구(自然風景區) [名] 自然风景区　　지정되다(指定--) [动] 指定
주되다(主--) [动] 为主，主要　　관광업(觀光業) [名] 旅游业　　아시아(Asia) [名] 亚洲

③ 장자제는 1988년에 세계 자연 유산으로 등록되었다.

④ 장자제는 한국과 일본에 잘 알려져 있지 않는다.

## 2. 请阅读下文，回答下列问题。

　　지난 주말에 한국 문화를 배우( ⑦ ) 다양한 역사와 문화유산을 간직하고 있는 안동에 다녀왔다. 서울에서 버스를 타고 갔는데 10시쯤 안동의 하회마을에 도착했다. 마을 전체가 유네스코 세계 문화유산에 등재되어 있는 하회마을은 한국의 전통 집들로 유명한 곳이다. 우리는 거기에서 전통 집들을 구경했다. 사람들이 아직도 그런 옛날 집에서 살고 있는 것이 신기했다. 집을 다 구경한 다음에 다 같이 재미있는 전통 놀이를 했다. 저녁 때 안동 근처에 있는 지례마을에 갔다. 하회마을에서 지례마을까지 버스로 한 시간쯤 걸렸다. 저녁에 유명한 찜닭을 먹은 후에 민박 집에서 탈춤 공연도 보고 탈춤도 배웠다. 탈춤이 쉬워 보였지만 배우기 쉽지 않았다. 그래도 한국의 전통 춤을 배우는 것이 아주 재미있었다. 다음날 아침을 먹고 서울로 돌아왔다. 이번 여행에서 한국의 전통문화를 많이 배울 수 있어서 좋았다. 서울 생활도 재미있지만, 서울 밖으로 나가서 여행하는 것도 참 좋았다.

(1) ( ⑦ )에 들어갈 내용으로 가장 알맞은 것을 고르십시오.

① -도록 　　　② -려고 　　　③ -느라고 　　　④ -려면

(2) 위 글의 내용과 일치하면 ○, 일치하지 않으면 ×를 하십시오.

1) 지례마을은 세계 문화유산으로 등재되었다. (　　)

2) 안동의 옛날 집에서 살고 있는 사람이 없다. (　　)

3) 우리는 지례마을에서 묵었다. (　　)

4) 탈춤을 배우는 것이 재미있었지만 어려웠다. (　　)

안동(安東) [名] 安东　　　하회마을(河回--) [名] 河回村　　　신기하다(神奇--) [形] 神奇
지례마을(知禮--) [名] 知礼村　　　찜닭 [名] 炖鸡　　　민박(民泊) [名] 民宿　　　탈춤 [名] 假面舞

(3) 이번 여행에서 한국의 어떤 전통문화를 체험했습니까?

_____

(4) 중국의 전통문화를 잘 보여 주는 곳을 소개해 보십시오.

_____

 쓰기

1. 请根据图片内容，给朋友写一张明信片。

에펠 탑          개선문          루브르 박물관

여러분은 지금 여행을 하고 있습니다.

2. 请参考课文1的内容，完成下面的短文。

    장빈 씨는 다음 달에 여행을 가고 싶은데 _____ 모릅니다. 중기 씨는 어떤 곳에 가고 싶으냐고 물었다. 장빈 씨는 _____ 곳에 가서 좀 쉬고 사진도 많이 찍고 싶다고 했다. 그래서 중기 씨는 _____ 추천했다. 장빈 씨는 작년 겨울에 설악산에 _____. 제주도는 꼭 한 번 가 보고 싶어했지만 여행 비용이 많이 들 것 같아서 _____. 그래서 중기 씨는 _____ 방법을 알려 줬다. 즉, 할인 항공권을 이용하고 저렴한 호텔에서 묵는 것이다. 그리고 나서 중기 씨는 자주 이용하는 여행사 연락처를 가르쳐 주고 일단 _____. 여행사에 문의하면 패키지 여행 상품도 많이 알아볼 수 있다. _____ 빨리 서둘러야 하니까 장빈 씨는 수업이 끝나고 바로 여행사에 문의해 보려고 한다.

3. 请写一篇作文，介绍一下你的家乡。

|  |  |  |  |  |  |  |  |  |  |  |  |  |  |  |  |
|---|---|---|---|---|---|---|---|---|---|---|---|---|---|---|---|
|  |  |  |  |  |  |  |  |  |  |  |  |  |  |  |  |
|  |  |  |  |  |  |  |  |  |  |  |  |  |  |  |  |
|  |  |  |  |  |  |  |  |  |  |  |  |  |  |  |  |
|  |  |  |  |  |  |  |  |  |  |  |  |  |  |  |  |
|  |  |  |  |  |  |  |  |  |  |  |  |  |  |  |  |

 **번역**

1. 请将下列句子翻译成韩国语。

(1) 我似乎说过那样的话，但记不太清了。

_____

(2) 我把申请材料发给你，麻烦你转交给社长。

_____

(3) 原来你考上公务员了啊！祝贺你！

_____

(4) 书包里装着今天上课需要的所有东西。

_____

(5) 对于未经许可从事食品经营活动的行为，我们将按照法律规定严肃处理。

_____

2. 请将下列句子翻译成汉语。

(1) 마트에 다녀올 테니까 집에서 놀고 있어라.

_____

(2) '아름다운 시간'이라는 드라마를 본 적이 있어요?

_____

(3) 기숙사 불이 꺼진 후에도 그녀는 가끔 손전등을 켜고 책을 봐요.

_____

(4) 저는 체력이 좋아요. 매일 학교 운동장에서 달리기를 하거든요.

_____

(5) 사상은 언어에 의해 표현된다.

_____

# 제 9 과
# 아르바이트를 해 볼 생각이 있어요?

 어휘와 문법

1. 请根据汉语，写出相应的韩国语单词或词组。

(1) 在校生 ＿＿＿＿＿＿＿＿ (2) 就业，找工作 ＿＿＿＿＿＿＿＿

(3) 报酬，酬金 ＿＿＿＿＿＿＿＿ (4) 志愿服务者 ＿＿＿＿＿＿＿＿

(5) 家长 ＿＿＿＿＿＿＿＿ (6) 课外辅导费 ＿＿＿＿＿＿＿＿

(7) 赞成，赞同 ＿＿＿＿＿＿＿＿ (8) 可怕，吓人 ＿＿＿＿＿＿＿＿

(9) 招募广告 ＿＿＿＿＿＿＿＿ (10) 筹措学费 ＿＿＿＿＿＿＿＿

(11) 扔垃圾 ＿＿＿＿＿＿＿＿ (12) 科技发展 ＿＿＿＿＿＿＿＿

2. 请根据图片内容，选择正确的答案。

(1)

가: 여름 방학 때 무엇을 했어요?

나: 생활비를 벌기 위해서 (  )에서 알바를 했어요.

① 미술관　　　　　　② 편의점

③ 주유소　　　　　　④ 패스트푸드점

(2)

가: 수영 씨가 중국어뿐만 아니라 영어도 아주 잘하는 것 같아요.

나: 네, 선배는 뛰어난 영어 실력 덕분에 이번 국제 회의에서 (  )를/을 담당했어요.

① 통역　　② 발표　　③ 멘토　　④ 가이드

(3)

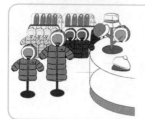

가: 일기예보를 봤는데, 다음 주부터 기온이 영하로 떨어진다고 하네요.

나: 그럼 주말에 매장에 가서 (  ) 하나 사야겠어요.

① 우산　　② 패딩　　③ 안경　　④ 넥타이

(4)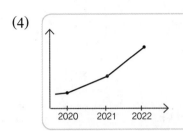

가: 김 대리님, 이 제품의 판매량이 어떻습니까?

나: 2020년부터 작년까지 판매량이 꾸준히 (　　) 것으로 나타났습니다.

① 가져간　② 떨어진　③ 날아간　④ 늘어난

(5)

가: 오늘처럼 (　　) 날은 공부에 집중하기가 너무 힘들어.

나: 에어컨을 켜고 하면 되잖아.

① 뜨거운　② 무더운　③ 시원한　④ 쌀쌀한

3. 请选择适当的内容，完成下列句子。

> 세다　　나누다　　무섭다　　심하다　　고생하다
>
> 일어서다　　착실하다　　행동하다　　구입하다　　상관없다

(1) 어머니는 한 회사에서 30년 동안 ＿＿＿＿＿＿＿ 일하셨다.

(2) 우산을 가지고 나왔기 때문에 비가 와도 ＿＿＿＿＿＿＿.

(3) 회사에 다니는 사람에게 금요일 저녁에 야근한다는 말보다 ＿＿＿＿＿＿＿ 것은 없다.

(4) 어머니는 아버지도 없이 우리 삼 형제를 키우느라 정말 ＿＿＿＿＿＿＿.

(5) 왕나는 사람들이 가져온 물건을 쓸 수 있는 물건과 그렇지 못한 물건으로 ＿＿＿＿＿＿＿ 놓았다.

(6) 공연 세 시간 전부터 매표소에서 티켓을 ＿＿＿＿＿＿＿ 수 있다.

(7) 박 대리는 회식에 참석할 사람이 몇 명인지 ＿＿＿＿＿＿＿ 나서 식당을 예약했다.

(8) 주사를 맞고 느끼는 피로는 사람에 따라 달라서 가볍고 ＿＿＿＿＿＿＿ 차이가 있다.

(9) 형은 나보다 어른인 것처럼 ＿＿＿＿＿＿＿ 사실은 나보다 한 살밖에 안 많다.

(10) 모두 자리에서 ＿＿＿＿＿＿＿ 특강을 준비하신 왕 교수님께 박수를 보내 시기 바랍니다.

4. 请选择正确的答案。

(1) 중기는 정장을 입고 (　　) 을 보러 갔다.

　　① 역할　　　　　② 소득　　　　　③ 면접　　　　　④ 형편

(2) 계절이 (　　) 병원을 찾는 감기 환자들이 늘어났다.

　　① 나누면서　　　② 버리면서　　　③ 바꾸면서　　　④ 바뀌면서

(3) 그는 아직 한국말이 (　　) 한국어로 자신의 생각을 표현하는 데 어려움이 많다.

　　① 서툴러서　　　② 서둘러서　　　③ 다양해서　　　④ 충분해서

(4) 발표하러 나온 서준이는 많은 사람들 앞에서 너무 긴장해서 말도 (　　) 하지 못했다.

　　① 전부　　　　　② 겨우　　　　　③ 저절로　　　　④ 제대로

(5) 저희는 사장님의 지시에 따라 업무를 (　　) 진행하고 있습니다.

　　① 너무너무　　　② 차근차근　　　③ 덩실덩실　　　④ 고래고래

(6) 그는 자기 (　　) 모르는 사람이라 친구 한 명도 없었다.

　　① 같이　　　　　② 까지　　　　　③ 밖에　　　　　④ 부터

(7) 따뜻한 바람을 맞으며 나는 겨울이 가고 봄이 (　　) 느꼈다.

　　① 왔음을　　　　② 왔으면　　　　③ 오느라고　　　④ 오는지를

(8) 지역 (　　) 공무원의 소득은 차이가 많이 난다.

　　① 에 있어서　　　② 에 따라서　　　③ 에 대해서　　　④ 에 의해서

(9) 가: 어제 과제를 하느라고 잠을 못 잤어요.

　　나: 그래요? 많이 (　　).

　　① 피곤하거든요　　　　　　　　② 피곤하겠어요

　　③ 피곤하잖아요　　　　　　　　④ 피곤해졌어요

(10) 가: 이 카페의 분위기가 좋지요?

　　　나: 네, 분위기가 (　　) 커피와 케이크가 별로 맛이 없어요.

　　① 좋을 정도로　　　　　　　　② 좋을 테니까

　　③ 좋기는 하지만　　　　　　　④ 좋을 뿐만 아니라

5. 请选择适当的内容，使用"에 따라(서)"完成下列句子。

> 요일    거리    계절    교통수단    나라

(1) _____ 사람들이 즐겨 하는 운동이 달라요.

(2) _____ 할인 메뉴가 달라요.

(3) 상하이에서 시안까지 _____ 걸리는 시간에 차이가 있어요.

(4) _____ 기차 요금이 결정돼요.

(5) _____ 스승의 날 날짜가 달라요.

6. 请使用"-기는 하다"把两部分连接成一个句子。

(1) 찹쌀떡을 먹다/좋아하지 않다

_____

(2) 운동을 열심히 하다/살이 잘 빠지지 않다

_____

(3) 어제 영화를 보고 싶었다/갑자기 급한 일이 생겨서 못 봤다

_____

(4) 전공으로 한국어를 배웠다/지금은 거의 다 잊어버려서 잘 못하다

_____

(5) 오늘 백화점에서 본 구두가 비싸다/디자인이 예뻐서 너무 사고 싶다

_____

7. 请根据内容重新排列顺序，组成正确的句子。

(1) 에, 는, 커피, 저, -지 않아요, 한 잔, 하루, 를, 마시다, 밖에

_____

(2) 동생, 만나다, 이, 좋은 사람, 제, -았으면 좋겠어요, 을

_____

(3) 퇴근 시간, -겠어요, 오다, 길, 가, -아서, 이, 에, 비, 막히다

_____

(4) 마음, -으세요, 같이, 아버지, 바다, 넓다, 우리, 이, 는

_____

(5) 가, 합격하다, 는, 몰랐어요, 대학교, -였-, 저, 에, -음, 친구, 을

_____

8. 请选择适当的内容，完成下列对话。

> -기는 하지만    -겠-    -아/어/여 있다
> -ㄹ/을 테니까    -았/었/였으면 좋겠다

(1) 가: 토요일인데 뭘 할 거예요?

　　나: 오늘은 빨래를 해야 돼요. 빨래해야 할 옷이 산처럼 _____.
　　(쌓이다)

(2) 가: 기차가 곧 출발하는데 장빈 씨가 아직 안 왔어요.

　　나: 어떡해요? 장빈 씨가 기차를 못 _____. (타다)

(3) 가: 세 명이 먹을 건데 너무 많이 시키는 거 아니야?

　　나: 내가 많이 _____ 그냥 시키자. 아침부터 아무것도 못 먹
　　었거든. (먹다)

(4) 가: 올해 바라는 일이 있습니까?

　　나: 네, 요즘 면접을 보고 있는데 올해에는 꼭 _____. (취직하다)

(5) 가: 노트북 화면이 커서 좋을 것 같아요.

　　나: 화면이 크면 공부할 때 _____ 무거워서 가지고 다니기가
　　힘들어요. (좋다)

🎧 듣기

1. 请听录音，选择适当的答语。🎧

(1) 나: _____

　　① 네, 취직하기가 어려워요.

② 아니요, 아직 해 본 적이 없어요.

③ 네, 알바보다 공부가 더 중요해요.

④ 아니요, 친구가 소개해 줬어요.

(2) 나: _____

① 돈을 모아서 방학에 여행 가고 싶어서요.

② 일하는 시간이 일주일에 다섯 시간밖에 안 돼요.

③ 친구에게 생일 선물을 사 줬어요.

④ 다음 주 시험이 있어서 아르바이트를 할 시간이 없어요.

(3) 나: _____

① 뭐, 별일 아니고요.　　　　② 과찬이십니다.

③ 어쩐지 기분이 좋아 보여요.　　④ 도와주셔서 감사합니다.

(4) 나: _____

① 네, 요즘 젊은이들 사이에서 인기가 많은 제품이에요.

② 네, 새 노트북을 사는 것보다 고쳐서 쓰는 게 더 나아요.

③ 네, 새로 나온 제품이기 때문에 가격이 좀 비싼 편이에요.

④ 네, 노트북은 성능에 따라 가격이 다르거든요.

(5) 나: _____

① 알바 비용을 선물로 드렸어요. 확인해 보세요.

② 하루밖에 안 남았으니까 서둘러서 구입하세요.

③ 너무 걱정하지 말고 경험 삼아 한번 해 보세요.

④ 경험이 좀 있기는 하지만 아직 많이 서툴러요.

2. 请听录音，回答下列问题。🎧

(1) 여자는 어디에서 아르바이트 모집 광고를 봤습니까?

① 신문　　　　② 인터넷　　　　③ 학교 게시판　　④ 지하철역

(2) 들은 내용과 일치하는 것을 고르십시오.

① 여자는 중국어를 잘하는 편이다.

② 여자는 베이징에서 4년 정도 살았다.

③ 여름 방학은 다음 주부터 시작한다.

④ 여자는 주말에 아르바이트를 할 시간이 없다.

(3) 여자는 그 전에 어떤 아르바이트를 했습니까? 얼마 동안 했습니까?

_____

(4) 다음 표를 완성하십시오.

| 아르바이트 장소 | ( ) | | |
|---|---|---|---|
| 일하는 시간 | ( ) 총 3일, 오후 ( )부터 ( )까지 | | |
| 급여 | ( )/1시간 | | |

## 읽기

1. 请阅读下文，回答下列问题。

이제 일주일 후면 교환 학생 생활을 마치고 다시 한국으로 돌아가야 한다. 중국을 떠날 생각을 하니까 아쉬운 일들이 너무 많은 것 같다. 그동안 수업 시간 외에 거의 매일 기숙사에만 있었다. 그리고 한국에서 같이 온 친구들과 붙어 다녀서 중국인 친구를 많이 사귀지 못했다. 6개월 전으로 돌아갈 수 있으면 ( ㉠ ) 중국 여기저기 여행도 많이 다니고 싶다. 또한 아르바이트를 해 보지 않은 것도 조금 아쉽다. 나는 아르바이트보다 학교 공부가 더 중요하다고 생각해서 친구가 소개해 준 알바를 거절했다. ( ㉡ ) 친구들은 아르바이트 경험이 중국어 공부에도 도움이 많이 되었다고 했다. 아르바이트를 하면서 말하기 연습도 했어야 했는데……

이제 와서 아무리 후회해도 소용없다. 남은 시간이 길지 않지만 중국에서 마지막 한 주를 재미있고 보람 있게 보내려고 한다.

거절하다(拒絶--)[动] 拒绝，谢绝　　소용없다(所用--)[形] 没用，无用

(1) ( ㉠ )에 들어갈 내용으로 가장 알맞은 것을 고르십시오.

① 극장에 가서 전통 경극 공연을 보고

② 수업 시간 외에 아르바이트를 하고

③ 도서관에 가서 중국어로 된 책을 많이 읽고

④ 동아리에 가입해 중국인 친구를 많이 사귀고

(2) ( ㉡ )에 들어갈 내용으로 가장 알맞은 것을 고르십시오.

① 그리고　　　② 어쩌다　　　③ 하지만　　　④ 그러면

(3) 위 글의 내용과 같은 것을 고르십시오.

① 글쓴이는 학교에서 중국인 친구를 많이 사귀었다.

② 글쓴이는 교환 학생으로 한국에서 공부하는 중국인이다.

③ 글쓴이는 아르바이트를 하지 않은 것에 대해 아쉬워한다.

④ 글쓴이는 일주일 후에 친구들과 중국 여행을 갈 것이다.

## 2. 请阅读下文，回答下列问题。

　　임현수 씨는 지금 (모)전자 회사에 다니고 있다. ( ㉠ ) 회사가 끝나면 다른 동료들은 집으로 가지만 임현수 씨는 집 근처에 있는 커피숍으로 간다. 거기에서 밤 11시까지 아르바이트를 한다. ( ㉡ ) 요즘 임현수 씨처럼 직업이 있지만 <u>수입</u>을 높이기 위해 또는 일의 재미를 통해 생활의 활력을 얻기 위해 퇴근 후에 아르바이트를 하는 직장인들이 많다. ( ㉢ ) 그리고 지금은 아르바이트를 안 하고 있지만 나중에 할 계획이 있는 사람이 50.7%였다. ( ㉣ ) 직장인들은 가장 하고 싶은 아르바이트는 '카페 알바'(32.3%)이다. 특히 여자 직장인 중에는 '카페 알바'를 해 보고 싶다는 사람이 37.9%로 남자 직장인 (21.6%)보다 약 두 배 가까운 수준으로 높았다. '카페 알바' 다음으로 직장인들이 해 보고 싶어하는 아르바이트는 '영화관 알바'(20.6%)이다. 그 외에 직장인들은 '인터넷 쇼핑몰 운영'(18.4%), '1인 방송 운영'(16.4%), '번역'(12.3%) 순으로 해 보고 싶다고 답했다.

활력(活力) [名] 活力，生命力　　운영(運營) [名] 运营，管理，运作

(1) 밑줄 친 부분과 의미가 비슷한 것을 고르십시오.

　　① 소득　　　　　② 요금　　　　　③ 선물　　　　　④ 비용

(2) 위 글의 내용과 일치하는 그림을 고르십시오.

①　카페 알바를 좋아하는 직장인의 비율　　②　카페 알바를 좋아하는 직장인의 비율

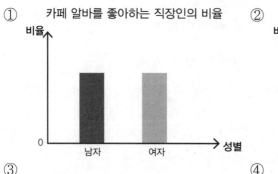
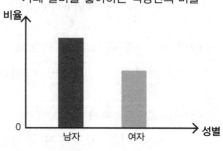

③　직장인들이 해 보고 싶은 아르바이트　　④　직장인들이 해 보고 싶은 아르바이트

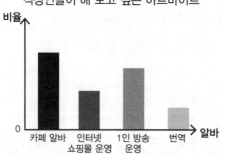
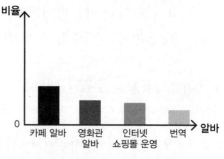

(3) 위 글에서 <보기>의 문장이 들어가기에 가장 알맞은 곳을 고르십시오.

――――――――― <보기> ―――――――――

　지난 10월에 서울신문이 조사한 결과에 따라 26.3%의 직장인이 퇴근 후
에 아르바이트를 하고 있었습니다.

　　① ㉠　　　　　② ㉡　　　　　③ ㉢　　　　　④ ㉣

(4) 서울신문은 무엇을 조사했습니까?

　　① 직장인의 취미 생활　　　　　② 직장인의 아르바이트
　　③ 아르바이트의 보수　　　　　④ 아르바이트의 장단점

(5) 위 글의 내용과 일치하면 ○, 일치하지 않으면 ×를 하십시오.

　　1) 임현수 씨는 퇴근 후에 동료들과 같이 카페에서 모임을 한다. (　　)

　　2) 직장인들은 다양한 알바 중에 영화관 알바를 제일 해 보고 싶다. (　　)

　　3) 지금 아르바이트를 안 하고 있지만 나중에 할 생각이 있는 사람은 반 이상
　　　이다. (　　)

(6) 왜 많은 직장인들이 퇴근 후에 집에 가지 않고 아르바이트를 합니까?

_____

 쓰기

1. 请根据图片内容，回答下列问题。

(1) 남자는 어떤 아르바이트를 하고 있습니까?

_____

(2) 남자가 하는 아르바이트는 어떤 장점이 있습니까?

_____

(3) 여자는 어떤 아르바이트를 하고 있습니까?

_____

(4) 여자가 하는 아르바이트는 어떤 장점이 있습니까?

_____

(5) 10년 후에 어떤 아르바이트가 생길지 생각해 보고 간단하게 쓰십시오.

_____

## 2. 请根据图表的内容，完成下面的短文。

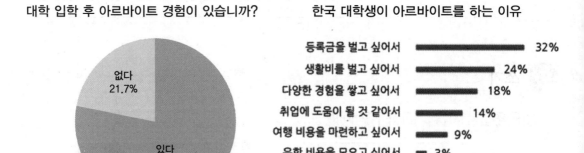

대학 입학 후 아르바이트 경험이 있습니까?

없다
21.7%

있다
78.3%

〈그림1〉

한국 대학생이 아르바이트를 하는 이유

| 등록금을 벌고 싶어서 | 32% |
| 생활비를 벌고 싶어서 | 24% |
| 다양한 경험을 쌓고 싶어서 | 18% |
| 취업에 도움이 될 것 같아서 | 14% |
| 여행 비용을 마련하고 싶어서 | 9% |
| 유학 비용을 모으고 싶어서 | 3% |

〈그림2〉

　　　최근 한 인터넷 사이트에서 한국 대학생의 _____
에 대한 설문 조사를 진행했다. 이 조사에서 78.3%의 대학생들이
_____.
　　　〈그림2〉를 보면 대학생들이 아르바이트를 하는 가장 큰 이유는
_____. 다음으로 _____
_____. 그리고 '다양한 경험을 쌓고 싶어
서'라고 대답한 학생들이 18%, _____라고
대답한 학생이 14%, _____
등으로 35% 정도의 학생들은 자신의 미래를 위해서 아르바이트를
한다고 대답했다. 그 외에 9%의 대학생들은 _____
_____.
　　　설문 조사의 결과를 보면 한국 대학생들은 경제적인 이유 때문에
아르바이트를 많이 하지만 _____
학생들도 많다는 것을 알 수 있다.

3. 很多大学生认为做兼职是种不错的经历，他们会利用课余时间做兼职。要想更好地积累经验，选择适合自己的兼职至关重要。写一篇作文，谈谈你对以下问题的看法。

> ✎ 아르바이트를 선택할 때 중요하다고 생각하는 3가지 조건이 무엇입니까?
> 그 이유는 무엇입니까?
>
> ✎ 아르바이트를 통해 번 돈으로 무엇을 할 계획입니까?

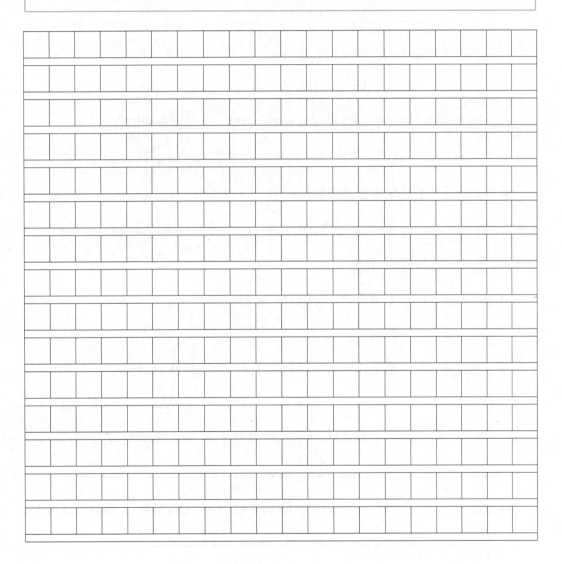

## 번역

1. 请将下列句子翻译成韩国语。

(1) 要是能找到和韩国语相关的兼职就好了。

_____

(2) 我只点了两人份的五花肉，量好像有点儿不够吧？

_____

(3) 我虽然认识那个人，但不怎么熟。

_____

(4) 该研究表明，学生们的韩国语听力考试成绩与看韩剧的时间有关。

_____

(5) 根据影片内容确定电影等级。

_____

2. 请将下列句子翻译成汉语。

(1) 행복은 돈의 많고 적음에 있지 않다.

_____

(2) 그 영화를 보긴 했는데 너무 오래 돼서 기억이 잘 안 나다.

_____

(3) 지난 학생회 회장 선거에서 학생들의 투표율은 58%밖에 되지 않았다.

_____

(4) 중국의 경제 발전에 따라 중국어를 배우는 외국인도 나날이 많아지고 있다.

_____

(5) 그 선배는 약속에 한 번도 늦은 적이 없는 시계같이 정확한 사람이다.

_____

# 제 10 과
# 일회용품 사용을 줄여야 돼요

## 🗂 어휘와 문법

1. 请根据汉语，写出相应的韩国语单词或词组。

(1) 新闻报道 _____ (2) 塑料，塑胶 _____

(3) 吸管 _____ (4) 坚持，忍受 _____

(5) 错过，错失 _____ (6) 节约，省 _____

(7) 画下划线 _____ (8) 更，更加 _____

(9) 贪心 _____ (10) 威胁 _____

(11) 最新款 _____ (12) 干燥 _____

2. 请根据图片内容，选择正确的答案。

(1)

가: 목이 계속 아프고 기침도 나요.

나: 공장에서 나오는 (     ) 때문에 그런 것 같아요.

① 매연    ② 흡연    ③ 쓰레기    ④ 보일러

(2)

가: 왜 그렇게 슬프게 우세요?

나: 할아버지께서 (     ) 그래요.

① 안 살아서          ② 돌아가셔서

③ 죽어서            ④ 없어져서

(3)

가: 학생, 쓰레기를 그냥 (     ) 어떻게 해요?

나: 죄송합니다. 줍겠습니다.

① 놓으면    ② 버리면    ③ 틀면    ④ 돌리면

(4)

가: 바지통이 넓어서 좀 (　　) 어때요?

나: 다리가 날씬해 보이네요.

① 늘었는데　　　　　　② 좁았는데

③ 줄였는데　　　　　　④ 좁아졌는데

(5)

가: 늦어서 미안해요. 그런데 아직 (　　) 안 왔어요?

나: 네, 저 혼자 기다리고 있었어요.

① 아무도　　② 누구　　③ 하나도　　④ 모두

3. 请选择适当的内容，完成下列句子。

> 챙기다　　잃다　　활용하다　　불쌍하다　　짓다
>
> 가지다　　사귀다　　오염시키다　　놓치다　　늙다

(1) 이 세상에 ＿＿＿＿＿＿ 사람은 없다.

(2) 식욕을 ＿＿＿＿＿＿ 김치찌개 같은 매운 음식을 먹으면 입맛이 돌아온다.

(3) 우리 모두 환경 보호 의식부터 ＿＿＿＿＿＿ 깨끗한 세상을 만들 수 있다.

(4) 매연은 공기를 ＿＿＿＿＿＿ 사람의 몸에 해로운 성분도 포함되어 있다.

(5) 다음 학기에는 우리도 새로 ＿＿＿＿＿＿ 강의동에서 공부하게 될 것이다.

(6) 장빈은 영화 속의 주인공이 ＿＿＿＿＿＿ 눈물을 흘렸다.

(7) 왕나는 자투리 시간을 잘 ＿＿＿＿＿＿ 한국어 단어를 외운다.

(8) 늦게 일어나서 비행기를 ＿＿＿＿＿＿.

(9) 한국 유학생 친구를 ＿＿＿＿＿＿ 되어 한국에 대한 관심이 더 깊어졌습니다.

(10) 건강해지고 싶으면 아침을 꼭 ＿＿＿＿＿＿ 먹어야 해요.

4. 请选择正确的答案。

(1) 환경을 보호하려면 (　　) 일회용품 사용을 줄여야 해요.

① 제일　　　　② 가장 좋게　　③ 무엇보다도　　④ 아주

(2) 요즘 우리 학과 학우들은 (　　) 학업을 쫓아가느라 바쁘다.

　① 너 나 할 것 없이　　　　　　　② 너 나 할 것 없어서

　③ 너 나 할 것 없는　　　　　　　④ 너 나 하는 것 없이

(3) 보일러를 (　　) 방이 금방 따뜻해져요.

　① 닫으면　　　② 틀다가　　　③ 돌면　　　④ 틀면

(4) 시설이 (　　) 기숙사에서 생활하니까 참 편리하고 좋아요.

　① 잘되는　　　② 잘 가지는　　　③ 잘된　　　④ 잘 가진

(5) 대학에 다닐 때는 전공 지식을 (　　) 노력해야 한다.

　① 아느라　　　② 쌓기 위해　　　③ 찾기 위해　　　④ 찾느라

(6) 우리 모두 환경 보호 (　　) 가져야 해요.

　① 생각으로　　　② 의식부터　　　③ 의식에서　　　④ 생각에서

(7) 가: 왜 환경 오염 문제를 해결하기 위해 노력해야 하나요?

　나: (　　) 우리의 생활 환경을 잃게 되겠지요.

　① 안 그래도　　　　　　　　② 그렇게 하지 않으면

　③ 그렇게 하지 않아서　　　　④ 그렇게 하면

(8) 가: 쓰레기 종량제가 뭐예요?

　나: 쓰레기를 분리해서 (　　) 봉투에 담아 버리는 것이에요.

　① 정하는　　　② 지정된　　　③ 지정되는　　　④ 정성껏

(9) 학과 행사에 (　　) 관심을 가져야 보다 즐거운 대학 생활을 기대할 수 있어요.

　① 활발하게　　　② 열심히　　　③ 적극적으로　　　④ 노력해서

(10) 가: 이렇게 사태가 (　　) 뭘 했습니까?

　나: 정말 죄송합니다. 할 말이 없습니다.

　① 나쁠 때까지　　　　　　　② 나쁜데

　③ 심각할 테니까　　　　　　④ 심각해질 때까지

5. 请选择适当的内容，使用 "-아/어/여 가다/오다" 完成下列句子。

> 죽다　　읽다　　일하다　　견디다　　사귀다

(1) 가: 저도 이 책을 좀 보고 싶은데요.

　　나: 다 _____ 조금만 더 기다려 줄래요?

(2) 가: 그 사람이 우리 회사에 얼마나 있었나요?

　　나: 10년 동안 _____.

(3) 가: 나무가 다 _____.

　　나: 물을 잘 안 줬나 봐요.

(4) 가: 룸메이트 친구가 오랫동안 _____ 남자친구와 헤어졌어요.

　　나: 마음이 많이 아프겠네요.

(5) 가: 저 회사 그만두려고 해요.

　　나: 조금만 더 생각해 봐요. 이제까지 잘 _____.

6. 请使用 "-아야/어야/여야" 把两部分连接成一个句子。

(1) 사장님께서 오시다/이 문제가 해결될 수 있다

_____

(2) 학점이 좋다/교수님의 추천을 받을 수 있다

_____

(3) 길이 많이 막혀서 지하철을 타다/빨리 도착할 수 있다

_____

(4) 그 학생은 집안이 어려워서 아르바이트를 하다/등록금을 낼 수 있다

_____

(5) 한 가지 일을 끝까지 열심히 하다/성공할 수 있다

_____

7. 请根据内容重新排列顺序，组成正确的句子。

(1) 에서도, 중국, 를, 쓰레기, 분리하다, -기 시작했다, 버리다, -여서

_____

(2) 돌리다, 많이, 가, 공기, 을, 공장, -지 않다, 깨끗해지다, -으면, -ㄹ 수 있다

_____

(3) 일어나다, 자다, -는데, 이, 얼굴, -고, -았-, 부었어요, 많이

_____

(4) 휴대폰 폐기물, 은, 몸, 의, 에, 사람, 을, 나쁘다, 준다, 영향, -ㄴ

_____

(5) 한 장, 비닐봉지, 많다, 을, 이, 만들다, -려면, 자원, 필요하다, -은

_____

8. 请选择适当的内容，完成下列对话。

> -아서는/어서는/여서는 안 되다　　-아도/어도/여도 되다　　-고 있다
> -시키다　　-아/어/여 버리다

(1) 가: 가방이 너무 비싸서 안 산다고 했잖아요?

　　나: 비싸기는 하지만 너무 마음에 들어서 _____. (사다)

(2) 가: 얼굴이 왜 그렇게 피곤해 보여요?

　　나: 요즘 집안일로 스트레스를 많이 _____. (받다)

(3) 가: 제 남자친구가 또 약속 시간에 늦었어요!

　　나: 흥분하지 말고 마음을 _____. (진정)

(4) 가: 저는 우리 아이가 의사가 되었으면 좋겠는데 걔는 자꾸 요리사가 되겠다
　　　고 하네요.

　　나: 부모가 아이의 꿈을 _____. (가로막다)

(5) 가: 왜 매일 김치만 담그세요?

나: 우리 가족은 김치만 있으면 다른 반찬은 _____. (없다)

## 🎧 듣기

1. 请听录音，选择适当的答语。🎧

(1) 나: _____

① 그러게요. 쓰레기통하고 똑같이 생겼어요.

② 그래요? 완전히 쓰레기통이나 다름없네요.

③ 아니요, 완전히 쓰레기통이 되잖아요.

④ 네, 쓰레기통은 아닌데요.

(2) 나: _____

① 건강을 안 챙기고 공부만 하다가 그렇게 된 것이겠죠.

② 공부만 열심히 하는 게 아니라 건강도 챙겨야 해요.

③ 역시 건강을 안 챙기고 공부만 열심히 해서는 안 돼요.

④ 공부 때문에 건강을 안 챙기면 안 되거든요.

(3) 나: _____

① 과제를 다 해 버리고 나니까 속이 시원하네요.

② 안 그래도 저도 좋은 일 좀 생겼으면 좋겠어요.

③ 시험 성적이 좋지 않아요.

④ 과제를 하는 게 재미있나 봐요.

(4) 나: _____

① 아니요, 저는 아버지하고 많이 닮고 싶어요.

② 아니요, 제가 아버지를 많이 닮았다고 하네요.

③ 아들은 아버지를 닮아야 할 것 같아요.

④ 아들은 아버지를 닮아 간다고 하잖아요.

(5) 나: _____

　① 중고는 가격이 좀 싸야 팔리거든요.

　② 사람들이 중고를 싫어하니까 팔지 마세요.

　③ 저도 중고는 좋아하지 않아요. 다른 사람에게 알아보세요.

　④ 사람들은 중고를 좋아할 수 있어요.

2. 请听录音，回答下列问题。🎧

　(1) 세 사람은 지금 무엇에 대해 이야기하고 있습니까?

　　① 방학 계획　　② 여행 경험　　③ 여가 활동　　④ 방학 과제

　(2) 들은 내용과 일치하는 것을 고르십시오.

　　① 세 사람은 농촌에 가서 봉사 활동을 할 것이다.

　　② 이제 농촌의 생활 수준도 도시와 다름없다.

　　③ 농촌 사람들의 환경 보호 의식도 도시 사람들과 다름없다.

　　④ 농촌 사람들은 쓰레기를 불에 태워 버려서는 안 된다고 생각한다.

　(3) 농촌의 토양을 오염시키는 것은 주로 무엇입니까?

　　_____

　(4) 왕나 씨와 장빈 씨가 농촌에 가서 할 봉사 활동의 내용은 무엇인지 쓰십시오.

　　_____

태우다 [动] 烧，烤焦

## 읽기

1. 请阅读下文，回答下列问题。

우리 동네는 2019년부터 재활용품과 유해 쓰레기를 분리해서 버리기 시작했다. 그런데 3년이 지난 지금까지도 제대로 지켜지지 않고 있다. 설문 조사에 의하면 우리 동네 사람들은 환경 보호 의식이 없는 것은 아니지만 쓰레기를 분리해서 버리는 것이 습관이 되지 않아서 모든 쓰레기를 한 봉지에 담아서 버리게 된다고 한다. 그리고 쓰레기를 버릴 때마다 분리해서 지정된 봉투에 담으면 귀찮고 불편해서 그냥 버린다고 하는 사람도 적지 않았다.

보다 깨끗한 생활 환경을 만들기 위해 지금 우리가 바로 할 수 있는 일은 쓰레기를 줄이는 것이다. 그리고 쓰레기를 줄이기 위해서는 <u>다시 쓸 수 있는 것</u>과 우리 몸과 환경에 해로운 쓰레기를 따로 분리해서 버려야 한다.

이제부터는 좀 귀찮고 불편해도 쓰레기를 꼭 분리해서 버려야 하며, 그런 생활이 습관이 될 때까지 노력해야 한다. ( ㉠ ) 우리의 생활 환경을 잃게 될 것이며 우리의 미래를 기대할 수 없다.

(1) 위 글의 중심 생각으로 알맞은 것을 고르십시오.

　① 쓰레기가 우리의 생활 환경을 오염시키고 있다.

　② 일회용품 사용을 줄여야 환경을 보호할 수 있다.

　③ 환경 보호를 위해서 쓰레기를 분리해서 버려야 한다.

　④ 쓰레기 분리수거는 환경 보호에 별로 도움이 되지 않는다.

(2) 동네 사람들이 쓰레기 분리수거를 잘 하지 않는 이유로 알맞은 것을 고르십시오.

　① 환경 보호 의식이 부족하기 때문에

　② 분리 과정이 어렵고 귀찮기 때문에

　③ 분리하는 데 시간이 많이 걸려서

　④ 분리해서 버리는 것이 아직 습관이 되지 않아서

(3) 밑줄 친 부분을 한 단어로 쓰십시오.

_____

(4) ( ㉠ )에 들어갈 내용으로 가장 알맞은 것을 고르십시오.

① 그렇게 해야                    ② 그렇게 하면

③ 그렇게 하지 않으면            ④ 안 그래도

## 2. 请阅读下文，回答下列问题。

쓰레기 섬에 대해서 들어 보셨나요? 쓰레기 섬은 작은 플라스틱 쓰레기가 바다로 들어가 오랫동안 바람의 영향을 받고 이동하다가 쌓여서 생긴 큰 섬입니다. ( ㉠ ) 플라스틱 쓰레기가 어떻게 바다에서 큰 섬을 만들 수 있었을까요? ( ㉡ ) 우리가 버리는 많은 쓰레기들 중에는 플라스틱 쓰레기가 특히 많고, 플라스틱은 가벼워서 이동하기 쉬우며, 아무리 시간이 지나도 썩지 않기 때문입니다. ( ㉢ ) 사람들은 아마 아무 생각 없이 사용하고 버린 일회용 컵, 빨대, 비닐봉지가 바다에 큰 섬을 만들 정도로 많을지 몰랐을 것입니다. 이 쓰레기 섬은 없어지지 않습니다. 그리고 바다의 여기저기에 생기고 있으며 점점 커지고 있습니다.

( ㉣ ) 여러분은 음료수를 마실 때 아직도 일회용 컵과 빨대를 사용합니까? 앞으로 사용해서는 안 되겠습니다. 그리고 마트에 갈 때는 꼭 비닐봉지를 챙겨 가세요. 아름답고 푸른 바다에 쓰레기가 쌓인 모습을 생각하면 가슴이 아프고 힘이 빠지지 않습니까?

(1) 위 글은 무엇에 대해 이야기하고 있습니까?

① 심각한 대기 오염                ② 토양 오염 문제의 해결

③ 지구 온난화 문제                ④ 플라스틱 쓰레기 문제

섬 [名] 島     이동하다(移動--) [动] 移动

(2) 쓰레기 섬에 대한 내용과 일치하면 ○, 일치하지 않으면 ×를 하십시오.

1) 플라스틱 쓰레기 때문에 생겼다. (　　)

2) 시간이 지나면 점점 없어진다. (　　)

3) 바다 곳곳에 생겼다. (　　)

4) 크지는 않지만 점점 많아지고 있다. (　　)

(3) 플라스틱 쓰레기가 바다에 섬까지 만들게 된 이유가 아닌 것을 고르십시오.

① 우리가 버리는 쓰레기 중에 플라스틱 쓰레기가 특히 많다.

② 플라스틱은 다른 쓰레기보다 가벼워서 바람의 영향을 받고 이동한다.

③ 사람들이 플라스틱 쓰레기를 생각 없이 바다에 버렸기 때문이다.

④ 플라스틱은 시간이 지나도 썩지 않기 때문이다.

(4) 플라스틱 쓰레기를 줄이기 위해서 사용하지 말아야 할 것은 무엇인지 쓰십시오.

_____

(5) 위 글에서 <보기>의 글이 들어가기에 가장 알맞은 곳을 고르십시오.

――――――― <보기> ―――――――
| 이 심각한 사태를 어떻게 해야 할까요? |

① ㉠　　　　　② ㉡　　　　　③ ㉢　　　　　④ ㉣

 쓰기

1. 请根据图片内容，回答下列问题。

(1) 카페에서 아르바이트를 하고 있는데, 손님이 일회용 컵에 커피를 마시겠다고
합니다. 어떻게 말하겠습니까? 말할 내용을 쓰십시오.

_____

(2) 머그잔에 커피를 받아 든 손님이 이번에는 빨대를 달라고 합니다. 플라스틱
대신에 종이 빨대를 제공하려면 어떻게 말하겠습니까? 말할 내용을 쓰십시오.

_____

(3) 이 상황을 불편해 하는 손님에게 환경 보호 의식을 심어 주고 싶습니다. 어떻
게 말하겠습니까? 말할 내용을 쓰십시오.

_____

2. 请根据图片的内容，完成下文。

　　중국에서는 2017년부터 ＿＿＿＿＿＿＿＿＿＿기 시작했습니다. 지금부터 쓰레기 분리수거에 대해 안내해 드리겠습니다. 쓰레기는 네 가지 종류로 분리됩니다. ＿＿＿＿＿＿＿＿은/는 파란 쓰레기통에 버려야 합니다. 그리고 ＿＿＿＿＿＿＿＿은/는 녹색 쓰레기통에, ＿＿＿＿＿＿＿＿은/는 빨간 쓰리기통에 버리면 됩니다. 또한 ＿＿＿＿＿＿은/는 회색 쓰레기통에 버리세요. 예를 들면 배터리는 ＿＿＿＿＿＿＿＿이기 때문에 ＿＿＿＿＿＿＿＿에 버려야 하고요. 플라스틱 병은 재활용할 수 있기 때문에 ＿＿＿＿＿＿＿＿에 버려야 합니다. 하지만 먹다 남은 음식은 ＿＿＿＿＿＿＿＿이기 때문에 ＿＿＿＿＿＿＿＿에 버려야 합니다.

　　아직은 습관이 되지 않아서 쓰레기를 분리해서 버릴 때마다 ＿＿＿＿ 귀찮을 수도 있겠습니다. 하지만 ＿＿＿＿＿＿＿＿기 위해서 우리 모두 ＿＿＿＿＿＿＿＿에 적극적으로 ＿＿＿＿＿ 가져야 합니다. 분리수거가 습관이 될 때까지 우리 모두 노력해야 ＿＿＿＿＿＿＿＿＿＿＿ ＿＿＿＿＿＿＿＿＿＿.

3. 请写一篇作文，谈谈你对环保保护的看法。

<table>
<tr><td></td><td></td><td></td><td></td><td></td><td></td><td></td><td></td><td></td><td></td><td></td><td></td><td></td><td></td><td></td><td></td><td></td><td></td></tr>
<tr><td></td><td></td><td></td><td></td><td></td><td></td><td></td><td></td><td></td><td></td><td></td><td></td><td></td><td></td><td></td><td></td><td></td><td></td></tr>
<tr><td></td><td></td><td></td><td></td><td></td><td></td><td></td><td></td><td></td><td></td><td></td><td></td><td></td><td></td><td></td><td></td><td></td><td></td></tr>
<tr><td></td><td></td><td></td><td></td><td></td><td></td><td></td><td></td><td></td><td></td><td></td><td></td><td></td><td></td><td></td><td></td><td></td><td></td></tr>
<tr><td></td><td></td><td></td><td></td><td></td><td></td><td></td><td></td><td></td><td></td><td></td><td></td><td></td><td></td><td></td><td></td><td></td><td></td></tr>
<tr><td></td><td></td><td></td><td></td><td></td><td></td><td></td><td></td><td></td><td></td><td></td><td></td><td></td><td></td><td></td><td></td><td></td><td></td></tr>
</table>

 번역

1. 请将下列句子翻译成韩国语。

(1) 张斌为了度过美好的大学生活努力学习。

_____

(2) 王娜用节省了好几个月的零花钱给妈妈买了生日礼物。

_____

(3) 我们都很忙，不能经常见面，只能隔段时间见一次。

_____

(4) 身体不舒服的话，做什么事都会不耐烦。

_____

(5) 希望您到指定的区域抽烟。

_____

2. 请将下列句子翻译成汉语。

(1) 공장과 차에서 나오는 매연으로 환경이 오염되고 있다.

_____

(2) 휴대폰은 없어서는 안 될 생활 필수품이 된 지 오래다.

_____

117

(3) 제주도는 한라산이 있을 뿐만 아니라 바다도 있어서 여행하기에 아주 좋은 곳이다.

_____

(4) 요즘 도시 사람들은 매연뿐만 아니라 시끄러운 소리 때문에 심각한 스트레스를 받고 있다.

_____

(5) 수질 오염을 줄이려면 어떻게 해야 하나요?

_____

# 제11과

# 이번 경기는 어느 팀이 이길까?

## 어휘와 문법

1. 请根据汉语，写出相应的韩国语单词或词组。

(1) 加时赛，延长赛 _____

(2) 下半场 _____

(3) 阵雨，骤雨 _____

(4) 选拔，遴选 _____

(5) 明显，显然 _____

(6) 激励，鼓励 _____

(7) 每况愈下 _____

(8) 当然 _____

(9) 丢球，失球 _____

(10) 打赌 _____

(11) 脚腕 _____

(12) 不在话下 _____

2. 请根据图片内容，选择正确的答案。

(1)

가: 김 선수가 금메달을 딸 줄 알았는데 왜 못 땄지요?

나: 경기를 하다가 (　　　) 금메달을 못 땄어요.

① 서둘러서          ② 넘어져서

③ 힘이 빠져서        ④ 기웃거려서

(2)

가: 왜 목이 쉬었어요?

나: 어제 축구 경기 때 (　　　)를/을 너무 열심히 해서 그래요.

① 지지     ② 격려     ③ 구경     ④ 응원

(3)

가: 장빈아, 건강하게 잘 지내야 해!

나: 중기야, 네가 한국으로 돌아간다고 하니까 정말 (　　　).

① 부러워    ② 아쉬워    ③ 우울해    ④ 속상해

(4)

가: 중기 씨, 걷는 게 많이 불편해 보여요. 왜 그래요?

나: 계단을 급하게 내려가다가 발목이 (　　　).

① 힘들었어요　　　　　② 빠졌어요

③ 삐었어요　　　　　　④ 다쳤어요

(5)

가: 정민 씨, 몸이 운동선수같이 좋아졌네요! 비결이 뭐예요?

나: 매일 저녁 체육관에 가서 체력을 (　　　) 있어요.

① 단련하고　② 내고　　③ 만들고　　④ 지키고

## 3. 请选择适当的内容，完成下列句子。

> 떨어지다　　이기다　　아깝다　　처하다　　생각나다
> 격려하다　　불가능하다　　다하다　　망설이다　　멈추다

(1) 우리 주위에는 어려움을 _____ 성공한 사람이 많이 있다.

(2) 바람이 부니까 꽃잎이 땅에 _____.

(3) 이 케이크는 너무 예뻐서 잘라 먹기가 _____.

(4) 장빈은 우리 학과 반장으로서 맡은 책임을 _____.

(5) 공항으로 가다가 호텔에 휴대폰 배터리를 두고 온 게 _____.

(6) 시계가 _____. 배터리가 없나 보다.

(7) 소은이는 선생님이 물으시는데 대답하기를 자꾸 _____.

(8) 물 없이 사는 것은 _____.

(9) 지난 주말에 시험을 앞둔 후배를 _____ 모교를 방문했다.

(10) 그 영화 남자 주인공은 위험에 _____ 여자 주인공을 도와주었다.

## 4. 请选择正确的答案。

(1) 아이가 놀다가 (　　　) 머리를 다쳤다.

　① 싸우는 바람에　　　　　　② 넘어지니까

　③ 피곤해서　　　　　　　　④ 힘이 빠지는 바람에

(2) 경기를 하는 데 있어서 가장 중요한 것은 (　　) 싸우는 것이다.

　　① 착실하게　　　② 정정당당히　　　③ 알차게　　　④ 활기차게

(3) 스포츠 경기를 보면서 우리는 즐거움과 자유, 삶의 교훈까지 (　　) 얻는다.

　　① 일석이조를　　② 한꺼번에　　　③ 하루아침에　　④ 시원하게

(4) 사업을 하다가 (　　) 하고 성공하기도 한다.

　　① 망하기도　　　② 피곤하기도　　③ 실수를 하기도　④ 잘되기도

(5) 자신감과 성취감은 운동선수가 경기에서 이기는 데 (　　) 역할을 한다.

　　① 책임을 다하는　　　　　　　　② 규칙을 잘 따르는

　　③ 빼놓을 수 없는　　　　　　　　④ 최선을 다하는

(6) 운동을 하면서 땀을 쭉 (　　) 세상을 다 얻은 것같이 기분이 좋아진다.

　　① 빼고 나면　　　② 흘렸으니까　　③ 내는 바람에　④ 내리고 나니까

(7) (　　) 응원을 하고 싶은데 감기에 걸려서 소리를 낼 수 없다.

　　① 정성껏　　　　② 편히　　　　　③ 힘들게　　　④ 목청껏

(8) 가: 대학에 다니는 동안 가장 하고 싶은 게 무엇일까?

　　나: (　　) 잊지 못할 아름다운 추억을 만들고 싶다.

　　① 항상　　　　　② 오래　　　　　③ 평생　　　　④ 평소

(9) 학교에서는 성적이 우수하고 성실한 학생을 장학생으로 (　　) 예정이다.

　　① 선택할　　　　② 지정할　　　　③ 선발할　　　④ 세울

(10) 가: 3번 선수가 갑자기 안 보인다.

　　나: 경기하다가 다친 선수를 (　　) 나갔어.

　　① 데리고　　　　② 모시고　　　　③ 부축하고　　④ 따라서

5. 请选择适当的内容，使用 "ㅡ는 바람에" 完成下列句子。

> 넣다　　취소되다　　불다　　힘이 빠지다　　시켜 주다

(1) 가: 저런 기숙사 창문이 깨졌네요. 무슨 일이 있었어요?

　　나: 네, 어제 태풍이 ＿＿＿＿＿＿＿＿＿ 창문이 깨졌어요.

(2) 가: 왜 발목을 다쳤어요? 무슨 일이 있었어요?

나: 계단을 빨리 내려가는데 갑자기 다리에 ＿＿＿＿＿＿＿＿＿ 발목을 다쳤어요.

(3) 가: 왜 소화가 안 돼요? 점심을 많이 먹었어요?

나: 오랜만에 만난 친구가 이것저것 음식을 많이 ＿＿＿＿＿＿＿＿＿ 과식을 하고 말았어요.

(4) 가: 인문대학 팀이 처음엔 정말 잘했는데 왜 진 거죠?

나: 처음엔 정말 잘했는데 후반전에 공과대학 선수가 두 골을 ＿＿＿＿＿＿＿ 한 골 차이로 지고 말았어요.

(5) 가: 왜 집에 있어요? 약속이 있다고 하지 않았나요?

나: 약속이 ＿＿＿＿＿＿＿＿＿ 그냥 집에 있게 되었어요.

6. 请使用 "－ㄹ수록/을수록" 把两部分连接成一个句子。

(1) 학년이 올라가다/취직 걱정이 커지다

＿＿＿＿＿＿＿＿＿＿＿＿＿＿＿＿＿＿＿＿＿＿＿＿＿＿＿＿

(2) 외국에서 오래 살다/고향이 그리워지다

＿＿＿＿＿＿＿＿＿＿＿＿＿＿＿＿＿＿＿＿＿＿＿＿＿＿＿＿

(3) 음식이 싸고 맛있다/손님이 붐비다

＿＿＿＿＿＿＿＿＿＿＿＿＿＿＿＿＿＿＿＿＿＿＿＿＿＿＿＿

(4) 칭찬을 많이 듣다/자신감을 얻게 되다

＿＿＿＿＿＿＿＿＿＿＿＿＿＿＿＿＿＿＿＿＿＿＿＿＿＿＿＿

(5) 긍정적으로 생각하다/좋은 일이 생기다

＿＿＿＿＿＿＿＿＿＿＿＿＿＿＿＿＿＿＿＿＿＿＿＿＿＿＿＿

7. 请根据内容重新排列顺序，组成正确的句子。

(1) 우리, 말, 놓다, -기로 해, 나이, 같다, -은데, 이제, 도, 부터

＿＿＿＿＿＿＿＿＿＿＿＿＿＿＿＿＿＿＿＿＿＿＿＿＿＿＿＿

(2) 이번, 뻔하다, 이기다, 우리 팀, 이, 경기, 는, -ㄹ 것

_____

(3) 정신, 에, 하루아침, 스포츠, 은, -지 않는다, 생기다

_____

(4) 는, -면서, 우리, 를, 즐기다, 스포츠, 에 대한, 삶, 교훈, 얻는다, 도

_____

(5) 말, 이, 하다, -는 것이 아니라, 행동하다, -어야 한다, 되다, 사람, 만, -는

_____

8. 请选择适当的内容，完成下列对话。

> -를/을 통해서    -는 바람에    -ㄹ수록/을수록
> -가/이 아니라    -ㄹ/을 뿐만 아니라

(1) 가: 왜 이렇게 늦었어요?

　　나: 갑자기 _____ 엘리베이터가 멈춰서 계단으로 올라왔어요.

　　(정전이 되다)

(2) 가: 샤오밍 선수 정말 멋지죠?

　　나: 네, _____ 멋진 선수인 것 같아요! (보다)

(3) 가: 김 선생님, 장빈이 농구를 정말 잘하는 것 같아요.

　　나: 네, 저도 이번 _____ 장빈의 실력을 알게 되었어요. (경기)

(4) 가: 여러분, 경기에서 제일 중요한 것은 무엇일까요?

　　나: 경기에서 _____ 끝까지 최선을 다하는 태도와 정신이에요.

　　(이기다).

(5) 가: 저는 요즘 자주 밤을 새우게 돼요.

　　나: 자주 밤을 새우면 건강에 _____ 학업에도 안 좋은 영향을
　　줄 거예요. (해롭다)

## 🎧 듣기

1. 请听录音，选择适当的答语。🎧

(1) 나: _____

　① 경기에서 자주 상대방 선수하고 싸우고 반칙까지 해요.

　② 스포츠 정신은 하루아침에 생기는 게 아니에요.

　③ 경기에서 끝까지 최선을 다해 싸우는 모습을 보여 주잖아요?

　④ 경기를 하다가 한계를 만나서 그러네요.

(2) 나: _____

　① 이기려고 반칙을 하다가 그렇게 된 것이겠죠.

　② 이기는 게 중요한 게 아니라 정정당당히 싸워야 해요.

　③ 처음엔 잘했는데 선수 한 명이 퇴장을 당하는 바람에 져 버렸어요.

　④ 메달을 따려고 너무 욕심을 내다가 지고 말았어요.

(3) 나: _____

　① 아침에 농구 시합에서 졌는데 생각하면 생각할수록 아쉬워요.

　② 안 그래도 제가 먼저 사과하려고 했는데 용기가 안 나요.

　③ 제가 그랬나요? 기분 나쁜 일이 전혀 없는데요.

　④ 요즘 해야 할 일이 많은가 봐요.

(4) 나: _____

　① 안 그래도 나는 공과대학을 응원할 생각이에요.

　② 네, 공과대학 팀이 이기고 말았어요.

　③ 글쎄, 공과대학 실력도 만만치 않은데요.

　④ 공과대학 팀도 꼭 이길 거라고 하잖아요.

(5) 나: _____

　① 이번 시합에서 이기는 것은 꿈도 못 꾸겠어요.

　② 이번 시합에 나가려는데 자꾸 부담이 되네요.

　③ 나 역시 나가고 싶은 마음은 굴뚝 같아요.

　④ 이기지 못할 게 뻔해서 안 나가려고 해요.

2. 请听录音，回答下列问题。🎧

(1) 위 글의 중심 생각으로 알맞은 것을 고르십시오.

① 최고의 선수가 되기 위해 노력하는 사람이 된다.

② 최고의 자리에 있는 사람은 멋지고 훌륭한 사람이다.

③ 끝까지 최선을 다하면 누구나 최고가 될 수 있다.

④ 어떤 상황에서도 최선을 다하는 선수가 된다.

(2) 이 사람들은 무엇을 할 것입니까?

① 축구 경기        ② 올림픽 경기      ③ 달리기 경기      ④ 야구 경기

(3) 들은 내용과 일치하지 않는 것을 고르십시오.

① 선수는 다쳤을 때도 최선을 다해서 싸워야 한다.

② 선수는 체력이 다 떨어졌을 때 경기를 멈추고 싶어한다.

③ 선수는 규칙을 위반했을 때 경기를 멈추고 싶어한다.

④ 선수는 이기는 것이 불가능해 보일 때 경기를 멈추고 싶어한다.

(4) 위 글의 내용을 듣고 알 수 있는 것을 고르십시오.

① 경기 시간        ② 경기 일정        ③ 경기 장소        ④ 경기 결과

**읽기**

1. 请阅读下文，回答下列问题。

세계 모든 사람들이 함께 즐기는 스포츠 축제로는 무엇이 있을까?

그리스에서 열리는 경기 중 가장 인기 있는 운동 경기였던 올림픽은 이제 세계 모든 사람들이 주목하고 즐기는 스포츠 축제가 되었다. 처음에는 땅에서 하는 경기만 있었지만 점점 각종 운동이 경기 리스트에 오르게 되었다. 또한 처음에는 하루 동안 모든 경기가 열렸지만 나중에는 나흘 동안 경기를 치르고 닷새째 되는 날에 경기에서 이긴 선수들에게 상을 주고 파티를 하면서 대회를 마쳤다.

세계의 도시들은 올림픽을 유치하기 위해 오랜 노력을 한다. 대회를 치르는 데 적지 않은 돈이 들지만 일단 올림픽 유치에 성공하면 도시의 이름이 전 세계에 알려지고 아름다운 관광지와 좋은 상품들을 소개하는 데 많은 도움이 되기 때문이다.

1930년부터 4년마다 열리는 월드컵 경기는 세계 최고의 축구 선수들이 참가하는 경기로서, 한 가지 경기를 하는 스포츠 행사 중에서는 가장 큰 대회이다. 월드컵의 인기는 아주 높으며, ( ㉠ ) 사람도 월드컵 경기는 빼놓지 않고 보는 경우가 많다. 2021년부터 월드컵을 2년마다 여는 것에 대해 논의되기 시작했으며 다른 경기에서도 월드컵이라는 이름으로 진행되기도 한다. 하지만 월드컵 하면 바로 축구가 생각난다.

사람들은 올림픽과 월드컵 경기를 보면서 함께 소리를 지르기도 하고 울고 웃으며 하나가 되는 체험을 한다. 올림픽과 월드컵은 앞으로도 세계 모든 사람들이 함께 즐기는 스포츠로서 세계 평화와 우정을 위해 중요한 역할을 할 것이다.

월드컵 경기 (World Cup 競技) [名] 世界杯 　 닷새 [名] 五天，五日

(1) 위 글의 제목으로 가장 알맞은 것을 고르십시오.

　　① 올림픽과 월드컵 유치의 장점

　　② 올림픽과 월드컵이 생기게 된 이유

　　③ 사람들이 스포츠를 즐기는 이유

　　④ 세계 모든 사람들이 즐기는 스포츠 축제

(2) 처음 올림픽은 며칠 동안 열렸습니까?

_____

(3) 세계의 도시들이 올림픽 유치를 위해 노력하는 이유는 무엇입니까? (　　)

　　① 세계 모든 사람들의 주목을 받기 위해서

　　② 나라를 세계에 알리기 위해서

　　③ 적은 노력으로 많은 돈을 벌기 위해서

　　④ 아름다운 도시의 모습과 상품을 알리기 위해서

(4) 위 글의 내용과 다른 것을 고르십시오.

　　① 올림픽이 처음 열린 나라는 그리스이다.

　　② 처음 올림픽에서는 땅에서 하는 경기만 했다.

　　③ 앞으로는 2년에 한 번씩 월드컵이 열리게 될 것이다.

　　④ 축구뿐만 아니라 다른 경기도 월드컵이라는 이름으로 진행되기도 한다.

(5) (　㉠　)에 들어갈 내용으로 가장 알맞은 것을 고르십시오.

　　① 평소에 축구를 자주 보는

　　② 평소에 축구를 보지 않는

　　③ 올림픽을 좋아하지 않는

　　④ 일하느라 바쁜

## 2. 请阅读下文，回答下列问题。

전자 스포츠는 컴퓨터 게임을 통해서 순위를 결정하는 경기를 말한다. ( ㉠ ) 보통 스포츠처럼 몸을 쓰는 것이 아니라 머리와 정신적인 능력으로 경기를 하기 때문에 정신 스포츠라고 말하기도 한다. 게임 산업이 빠르게 발전하고 게임에 대한 사람들의 인식이 변함에 따라 2000년 초부터 전자 스포츠라는 말이 사람들 사이에서 자주 사용되기 시작했다.

중국의 전자 스포츠는 인기도 많고 시장도 매우 크다. ( ㉡ ) 2003년부터 전자 스포츠를 99번째 스포츠 경기로 지정하였고 2018년 7월 베이징시는 애니메이션 게임과 함께 세계 전자 스포츠 대회 개최, 텔레비전 방송 등 인터넷 게임 산업의 발전을 위한 계획을 발표했다. 게임의 인기와 소비를 통해 전자 스포츠 산업을 발전시키고 국제 대회에서 훌륭한 성적을 거둔 중국의 전자 스포츠 산업은 앞으로도 계속 성장할 것이다.

전자 스포츠 시장은 계속 커지고 있지만 전자 스포츠가 스포츠로 인정받기 위해서는 해결해야 할 문제들이 적지 않다. ( ㉢ ) 전자 스포츠는 신체적 노력과 기술을 필요로 하지 않기 때문이다. 또 어떤 게임을 전자 스포츠로 지정해 줄지도 논란이 될 수 있다. 하지만 ( ㉣ ) 2004년 부산에서 개최한 전자 스포츠 대회는 10만 명이 넘는 사람들이 관람하러 와서 화제가 되었다. 청소년들이 원하는 직업 리스트에 전자 스포츠 선수가 오르기도 하였고 전자 스포츠의 매력에 빠져 지내는 청소년들이 갈수록 늘고 있다.

인공 지능 시대를 거쳐 4차 산업 혁명 시대가 더욱 가까워짐에 따라 앞으로 전자 스포츠는 더욱 사람들의 주목을 받을 것이다.

인식(認識) [名] 认识    소비(消費) [名] 消费    화제가 되다 [词组] 成为热门话题
산업 혁명(産業革命) [名] 产业革命

(1) 위 글은 무엇에 대해 이야기하고 있습니까?

   ① 게임 산업    ② 전자 산업    ③ 인터넷 게임    ④ 전자 스포츠

(2) 전자 스포츠에 대한 설명으로 일치하면 ○, 일치하지 않으면 ×를 하십시오.

   1) 게임을 통해서 승부를 가린다. (　　)

   2) 보통 스포츠처럼 몸을 사용한다. (　　)

   3) 중국의 전자 스포츠 시장은 매우 넓다. (　　)

   4) 전자 스포츠는 스포츠로 인정받는 데 아무 문제가 없다. (　　)

(3) 전자 스포츠가 논란이 되는 이유가 아닌 것을 고르십시오.

   ① 전자 스포츠는 신체적인 기술을 필요로 하지 않는다.

   ② 어떤 게임을 전자 스포츠로 지정해 줄지에 대해 논란이 있다.

   ③ 전자 스포츠는 머리를 사용한다.

   ④ 청소년들이 전자 스포츠 선수라는 직업을 별로 좋아하지 않는다.

(4) 전자 스포츠가 더욱 관심을 끄는 이유를 쓰십시오.

_____

(5) 위 글에서 <보기>의 문장이 들어가기에 가장 알맞은 곳을 고르십시오.

───── <보기> ─────

전자 스포츠는 하나의 문화로서 여전히 관심을 받고 있다.

① ㉠     ② ㉡     ③ ㉢     ④ ㉣

## 쓰기

1. 请使用下面的单词或词组，回答下列问题。

(1) 중국 사람들의 스포츠 활동에 대해 써 보십시오.

| 관심이 많다 | 적극적이다 | 다채롭다 | 뿐만 아니라 |
|---|---|---|---|
| 협동 정신을 기르다 | 를/을 위해서 | 과목 | 단련하다 |

_____

(2) 중국 사람들이 좋아하는 운동 경기에는 무엇이 있습니까?

> 특히    열기가 대단하다    생활 체육    -(이)나 마찬가지이다
> 실력이 뛰어나다    큰 환영을 받다

---

---

---

---

(3) 중국에서 계절에 따라 열리는 운동에 대해 써 보십시오.

> 열리다    실내 스포츠    경기장을 찾아가다    인기가 많다
> 놀라게 되다

---

---

---

---

(4) 그동안 중국에서는 어떤 국제적인 스포츠 대회를 치렀습니까?

> 덕분에    개최에 성공하다    치르다    -게 되다

---

---

---

---

2. 请使用给出的表达方式，完成下文。

(1) 좋아하는 스포츠 경기 소개: 로/으로 알려지다, 로서/으로서, -는 것이 아니라

(2) 좋아하게 된 계기: 를/을 통해서, -는데, -기로 하다

(3) 운동 효과: -ㄹ/을 뿐만 아니라, -ㄹ/을 수 있다, -니까/으니까, -는 데에 도움
이 되다

(1)    저는 _____인 태권도에 대해 발표하려고 합니다.
태권도는 국제적으로 공인된 스포츠_____.
태권도는 몸과 마음을 단련하고 인격을 닦는 _____ 상대
방을 _____ 자기를 방어하는 수준이 높은 스포
츠입니다. 1988년 서울 올림픽에서 시범 경기 종목으로 지정된
뒤, 2000년 시드니 올림픽에서는 정식 종목으로 지정되어 세계
적인 스포츠가 되어 가고 있습니다.

(2)    저는 지난번 _____ 태권도 경기를 처음 _____ 하얀
도복을 입고 태권도를 하는 선수의 씩씩한 눈빛이 무척 _____
었습니다. 마침 이번 학기에 우리 학교에 태권도 동아리가 생겨
서 태권도를 _____.

(3)    태권도를 배우면 몸이 _____ 위험에 처했을
때에 스스로 자신을_____ 일석이조의 효과를 볼
수 있습니다. 또 태권도는 스트레스를 해소하고 정신을 _____
_____.

3. 请写一篇作文，介绍一下你喜欢的体育比赛。

|  |  |  |  |  |  |  |  |  |  |  |  |  |  |  |
|---|---|---|---|---|---|---|---|---|---|---|---|---|---|---|
|  |  |  |  |  |  |  |  |  |  |  |  |  |  |  |
|  |  |  |  |  |  |  |  |  |  |  |  |  |  |  |
|  |  |  |  |  |  |  |  |  |  |  |  |  |  |  |
|  |  |  |  |  |  |  |  |  |  |  |  |  |  |  |
|  |  |  |  |  |  |  |  |  |  |  |  |  |  |  |

 번역

1. 请将下列句子翻译成韩国语。

(1) 体育精神是一种战胜自我、超越自我的精神。

_____

(2) 我从小对运动不感兴趣，学校举办体育比赛的时候，我只坐在座位上观看。

_____

(3) 我虽然不讨厌足球，但体力不行，也没有勇气参加比赛。

_____

(4) 我正在看比赛的时候，突然接到留学生办公室打来的电话，所以没能好好看比赛。

_____

(5) 运动员在比赛中拼尽全力的面貌比获得奖牌更有价值。

_____

2. 请将下列句子翻译成汉语。

(1) 집에 갑자기 일이 생기는 바람에 농구 경기에 참가하지 못할 것 같다.

_____

(2) 스포츠 경기는 누구를 이기기 위해 하는 것이 아니라 자기 자신과의 싸움이라
고 생각한다.

_____

(3) 공과대학이 전반전에는 잘 못했는데 어떻게 이기게 된 거야?

_____

(4) 동생은 일주일 동안 망설이다가 결국 새 노트북을 사고야 말았다.

_____

(5) 장빈은 보면 볼수록 좋아지는 친구인 것 같아요.

_____

# 제12과

# 스마트폰으로 주로 뭘 해?

## 📖 어휘와 문법

**1. 请根据汉语, 写出相应的韩国语单词或词组。**

(1) 猜出, 猜到　_____　(2) 安装, 铺, 垫　_____

(3) 画廊, 美术馆　_____　(4) 酸奶　_____

(5) 植物园　_____　(6) 无线局域网　_____

(7) 密码　_____　(8) 无聊　_____

(9) 副作用　_____　(10) 成熟　_____

(11) 品质, 质量　_____　(12) 盒饭, 饭盒　_____

**2. 请根据图片内容, 选择正确的答案。**

(1)

가: 수업 다 끝났어? 어디 가?

나: 아, 오늘은 수업이 없어. 도서관에서 공부하는데 갑자기 배가 고프네. 지금 식당에 (　　　).

① 가는 길이야　　　　② 간 길이야

③ 갈 길이야　　　　④ 간 김이야

(2)

가: 사진에 왕나 씨가 있네요. 이거 탁구 경기할 때 찍은 사진인가요?

나: 아니요, 동아리 친구들(　　　) 연습할 때 찍은 거예요.

① 랑　　　② 이랑　　　③ 와　　　④ 고

(3)

가: 장빈 씨, 왜 수업 들으러 안 왔어요?

나: 다리를 다쳤어요. (　) 것도 못하겠어요. 어떡해요?

① 아무　　② 무슨　　③ 어떤　　④ 어느

(4)

가: 가은아, 우리 같이 슈퍼에 가서 장을 좀 볼까?

나: 밖에 지금 비가 오는데 우리 (　)를/을 이용해서 시키는 게 어때?

① 와이파이　　　　　② 무선 인터넷

③ 앱　　　　　　　④ 컴퓨터

(5)

가: 점심을 많이 먹어서 소화가 잘 안 되네. 같이 나가서 운동 좀 하자.

나: 밖에 너무 추워. 스마트폰에서 운동 동영상을 다운 받아서 동영상(　) 운동해 보는 것도 괜찮을 것 같아.

① 을 따라　　② 에 대해　　③ 에 비해　　④ 에 관해

3. 请选择适当的内容，完成下列句子。

| 답답하다 | 부정적 | 모바일 데이터 | 과언 | 손쉽게 |
| 다듬다 | 인터넷 몰 | 끊임없이 | 소용없다 | 갖추다 |

(1) 요즘 사람들은 스마트폰이 없으면 아무 일도 못한다고 해도 _____이 아니다.

(2) 학생들은 전자사전만 있으면 한국어 어휘의 의미를 _____ 찾을 수 있다고 생각한다.

(3) 와이파이가 없을 때는 _____ 사용할 수 밖에 없는 것 같다.

(4) 스마트폰을 통해 _____에서 쇼핑하는 사람들이 많아지고 있다.

(5) 날씨가 너무 더워서 방 안에 있으면 _____ 죽을 것 같다.

(6) 우리는 캠퍼스의 나무들을 보기 좋게 _____.

(7) 스마트폰은 많은 기능을 _____ 스마트폰 하나로 많은 일을 할 수 있다.

(8) 핸드폰이 고장 났는데 아무리 고쳐 보려고 해도 _____ 것 같다.

(9) 스마트폰은 사람들의 생활을 편하게 해 줬지만 _____인 영향도 미치고 있다.

(10) 중기 씨는 좋은 직장에 취직하기 위해 _____ 노력하고 있다.

4. 请选择正确的答案。

(1) 선생님께서 숙제를 많이 내주셨는데 무엇(   ) 시작해야 할지 모르겠다.

　　① 로부터　　　　② 부터　　　　③ 에서부터　　　　④ 에부터

(2) 스마트폰 중독에서 (   )려면 핸드폰을 옆에 두지 말아야 한다.

　　① 벗어나　　　　② 빠지　　　　③ 나오　　　　④ 들어가

(3) 다이어트를 하느라고 하루 종일 빵 하나만 먹어서 (   ).

　　① 배고파 죽겠다　　　　　　　　② 심심해 죽겠다

　　③ 더워 죽겠다　　　　　　　　　④ 답답해 죽겠다

(4) 부모님은 아이들에게 영향을 많이 (   ) 사람들이라고 해도 과언이 아니다.

　　① 받는　　　　② 드리는　　　　③ 미치는　　　　④ 빼는

(5) 스마트폰은 결제뿐만 아니라 다양한 기능을 (   ) 전자 기기이다.

　　① 지닌　　　　② 있는　　　　③ 갖출　　　　④ 가지고 오는

(6) 어머, 나 핸드폰을 기숙사에 두고 나왔어. 결제를 어떻게 하면 (   )?

　　① 좋았니　　　　② 좋을니　　　　③ 좋은니　　　　④ 좋겠니

(7) 나는 그 사람에 (   ) 아는 게 별로 없다.

　　① 대한　　　　② 대해　　　　③ 관한　　　　④ 비한

(8) 여러분들은 스마트폰으로 (   ) 뭘 하십니까?

　　① 바로　　　　② 주로　　　　③ 훨씬　　　　④ 아마

(9) 전자사전(    ) 종이로 만든 사전이 단어를 오래 기억하는 데 더욱 효과적이
라고 한다.

① 에 비해          ② 로 비해          ③ 에 관해          ④ 로 관해

(10) 일이 너무 힘들어서 살이 (    ) 빠졌다.

① 확               ② 쏙               ③ 푹               ④ 우뚝

5. 请选择适当的内容，完成下列句子。

> -아/어/여 죽다     에 비해     에 대한     -니     로/으로부터

(1) _____ 10년 후에 나는 어떻게 변해 있을까? (지금)

(2) 새로 나온 _____ 평가가 별로 좋지 않아서 사고 싶지 않네요.
(노트북)

(3) 기숙사에 에어컨이 없어서 여름이 되면 _____ 것 같다. (덥다)

(4) 이번 학기 성적이 _____ 훨씬 좋게 나올 테니 너무 걱정하지
마세요. (지난 학기)

(5) 일하기 편하고 돈도 벌기 쉬운 직장이 어디 _____? (있다)

6. 请使用 "-는 길"，完成下列对话。

(1) 가: 친구와 약속을 잡아서 만난 거였어요?
나: 아니요, 어제 _____ 만났어요. (집에 돌아가다)

(2) 가: 왜 스마트폰을 새로 샀어요? 예전에 가지고 다니던 것도 좋아 보였는데요.
나: 지난 토요일에 _____ 스마트폰을 잃어버렸거든요. (백화점에 가다)

(3) 가: 오후 1시에 수업이 시작하니까 점심을 먹을 시간이 없겠네요. 어떻게 하죠?
나: _____ 편의점에서 간단하게 라면을 먹을까요? (학교에 가다)

(4) 가: 저녁을 정성껏 준비해 놓았는데 왜 같이 안 먹어요?
나: 배가 너무 고파서 _____ 떡볶이를 사 먹었거든요. (오다)

(5) 가: 봄이 왔네요. 벚꽃 사진을 좀 찍고 싶은데 어디서 찍을 수 있어요?

나: 제가 지금 _____인데 같이 갈래요? (벚꽃을 구경하러 가다)

**7. 请根据内容重新排列顺序，组成正确的句子。**

(1) 품질이 좋고, 에 비해, 가격이 비싼, 더, 가격이 싸다, 상품, -ㄴ 것이, 인기가 많다

_____

(2) 집으로, 아무도, 없다, 급한 일이 있다, 전화했다, -어서, -는 것 같았다, -는데

_____

(3) 외국어, -어야 한다, -ㄹ 때, 배우다, 먼저, 발음, 를, 시작하다, 부터

_____

(4) 운동하다, -면, -는 것이, 좀, 혼자, 같이 하다, 좋다, 힘들다, 친구들, -어서, 이랑

_____

(5) 건강한, 마다, 중요성, 의, 사람, 에 관해, 이, 생각, 다르다, 식사 습관

_____

🎧 **듣기**

**1. 请听录音，选择适当的答语。** 🎧

(1) 나: _____

① 네, 똑똑한 전화예요.　　② 네, 스마트폰이에요.

③ 네, 똑똑 소리가 나는 전화예요.　　④ 네, 인터넷 전화예요.

(2) 나: _____

① 친구를 만났어요.

② 식당에서 밥을 먹었어요.

③ 편의점에서 도시락을 샀어요.

④ 예쁜 꽃을 구경했어요.

(3) 나: _____

   ① 친구랑 같이 열심히 공부했어요.

   ② 한국어 책이랑 영어 책이랑 같이 봤어요.

   ③ 남자친구랑 같이 식당에 갔어요.

   ④ 일본어랑 한국어를 배웠어요.

(4) 나: _____

   ① 내일부터 준비해야 해요.

   ② 짐부터 준비해야 해요.

   ③ 여행부터 시작해야 해요.

   ④ 사진부터 찍어야 해요.

(5) 나: _____

   ① 숙제에 대해 모르는 게 있어서 친구 집에 가서 공부했어요.

   ② 토요일에 집에 아무도 없었어요.

   ③ 어제 집에 가는 길에 스마트폰을 잃어버렸어요.

   ④ 어제 부모님과 스마트폰으로 2시간 정도 통화했었어요.

## 2. 请听录音，回答下列问题。🎧

(1) 가은 씨는 스마트폰으로 무엇을 하려고 합니까?

   ① 과제를 하려고 한다.      ② 쇼핑하려고 한다.

   ③ 과제를 제출하려고 한다.     ④ 영화를 보려고 한다.

(2) 중기 씨는 스마트폰으로 뭘 합니까?

   ① 스마트폰으로 결제를 한다.

   ② 스마트폰으로 음악을 듣는다.

   ③ 스마트폰으로 채팅을 한다.

   ④ 스마트폰으로 드라마를 본다.

(3) 중기 씨는 왜 스마트폰을 자주 사용하지 않습니까?

_____

(4) 가은 씨는 스마트폰을 얼마나 많이 사용합니까?

---

 읽기

1. 请阅读下文，回答下列问题。

> 스마트폰은 일반 핸드폰( ㉠ ) 기능이 많다. 통화하거나 메시지를 보내는 것뿐만 아니라 와이파이와 연결하게 되면 컴퓨터처럼 인터넷에서 하고 싶은 일들을 대부분 다 할 수 있다. 예를 들면, 인터넷 검색이나 인터넷 쇼핑 등을 하려면 스마트폰으로 하는 것이 오히려 더 편한 것 같다. 스마트폰을 통해 하고 싶은 일들을 모두 다 할 수 있다고 해도 과언이 아닌 것 같다. 하지만 스마트폰은 단점도 가지고 있다. 연세가 많은 분들에게는 스마트폰 화면이 작아서 글이 잘 보이지 않는다. 그래서 스마트폰으로 결제를 할 때 버튼을 잘못 눌러서 결제 문제가 발생하는 경우가 많다. 그러므로 연세가 많은 분들을 위해 현금 사용이 여전히 필요하다. 그리고 건강을 위해서도 스마트폰 사용을 줄이고 정말 필요할 때만 사용하는 것이 바람직할 것이다.

(1) ( ㉠ )에 들어갈 내용으로 가장 알맞은 것을 고르십시오.

① 에 비해　　　② 에 관해　　　③ 에 관한　　　④ 에 비한

(2) 위 글의 내용과 같은 것을 고르십시오.

① 스마트폰은 장점보다 단점을 더 많이 가지고 있다.

② 스마트폰을 자주 보면 몸이 좋아진다.

③ 연세가 많은 분들은 스마트폰이 없으면 생활할 수 없다.

④ 스마트폰이 장점만 있는 것이 아니다.

2. 请阅读下文，回答下列问题。

스마트폰을 많이 사용하면 스마트폰 중독이 될 수 있다. 그러므로 이에 대한 예방 방법을 찾아야 한다. 우선 스마트폰을 사용할 때 30분에 한 번 정도 먼 곳을 바라보고 눈을 쉬게 해야 한다. 그리고 스마트폰을 사용할 때 몸을 풀어 주는 운동도 자주 해야 한다. 밤에 자기 전에 스마트폰을 보는 습관이 있는 사람들이 많은데 잠들기 30분 전( ㉠ ) 스마트폰을 사용하지 말아야 한다. 그리고 시간이 날 때 스마트폰으로 인터넷 검색을 하는 것을 줄이고 독서와 운동 등 정신과 몸에 좋은 취미 생활을 하는 것이 좋다.

(1) ( ㉠ )에 들어갈 내용으로 가장 알맞은 것을 고르십시오.

① 로부터          ② 에는          ③ 까지          ④ 에까지

(2) 위 글의 내용과 일치하면 ○, 일치하지 않으면 ×를 하십시오.

1) 스마트폰 중독을 예방할 수 있는 방법이 없다. (     )

2) 스마트폰을 사용할 때 몸을 풀어 주는 운동을 해야 한다. (     )

3) 자기 전에 스마트폰을 잠깐 봐도 된다. (     )

4) 책을 읽는 것은 스마트폰 중독을 예방할 수 있는 가장 좋은 방법이다. (     )

(3) 위 글에 따르면 스마트폰을 사용할 때 몇 분에 한 번 눈을 쉬게 하는 것이 좋을까요?

① 1시간          ② 20분          ③ 50분          ④ 30분

(4) 위 글은 무엇에 대해 이야기하고 있습니까?

① 운동하는 것이 스마트폰 중독 예방에 도움이 된다.

② 스마트폰으로부터 받은 스트레스를 해결하는 방법에 대해 이야기하고 있다.

③ 스마트폰 중독을 예방하는 방법에 대해 이야기하고 있다.

④ 스마트폰 중독은 주로 눈에 나쁜 영향을 준다.

(5) 스마트폰 중독을 예방하려면 시간이 날 때 어떻게 하는 것이 좋습니까?

_____

 쓰기

1. 请根据图片内容，回答下列问题。

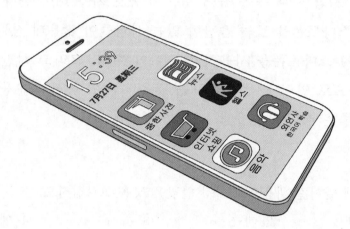

(1) 이 스마트폰에 있는 앱들 중에서 자신이 자주 사용하는 앱을 고르십시오.

_____

(2) 왜 이 앱들을 자주 사용합니까?

_____

(3) 즐겨 사용하는 다른 앱이 있습니까? 그 앱의 기능에 대해 간단하게 소개해 보십시오.

_____

2. 请参考课文内容，完成下文。

요즘 지하철을 타고 _____ 무선 인터넷을 사용할 수 있다. 지하철이나 버스를 탈 때 항상 _____만 보는 사람이 보인다. 그렇다면 만약에 이 세상에 _____를 설치하지 않고 _____ 데이터도 사용할 수 없다면 우리는 어떻게 살고 있을까? 아마 '답답해 ____ 것 같아', '스마트폰이 없이는 ____ 일도 못한다', '스마트폰으로 _____ 물건을 살 수 있는데'라고 하는 사람이 많이 있을 것이다. 물론 스마트폰은 손안에 __ 들어오는 작은 _____이지만 우리 생활의 많은 일을 해결해 줄 수 있는 _____라고 ____ 정도로 중요하다. 하지만 스마트폰이 장점만 있는 것이 아니라는 것을 알아야 한다. 스마트폰은 각종 ____을 받을 수 있고 우리 몸과 삶에 안 좋은 _____ 수도 있다. 그러므로 우리는 앞으로 스마트폰을 어떻게 _____를 잘 생각해야 한다.

3. 请写一篇作文，介绍智能手机的功能，并评价其优缺点。

<table>
<tbody>
<tr><td></td><td></td><td></td><td></td><td></td><td></td><td></td><td></td><td></td><td></td><td></td><td></td><td></td><td></td><td></td><td></td><td></td><td></td></tr>
<tr><td></td><td></td><td></td><td></td><td></td><td></td><td></td><td></td><td></td><td></td><td></td><td></td><td></td><td></td><td></td><td></td><td></td><td></td></tr>
<tr><td></td><td></td><td></td><td></td><td></td><td></td><td></td><td></td><td></td><td></td><td></td><td></td><td></td><td></td><td></td><td></td><td></td><td></td></tr>
<tr><td></td><td></td><td></td><td></td><td></td><td></td><td></td><td></td><td></td><td></td><td></td><td></td><td></td><td></td><td></td><td></td><td></td><td></td></tr>
<tr><td></td><td></td><td></td><td></td><td></td><td></td><td></td><td></td><td></td><td></td><td></td><td></td><td></td><td></td><td></td><td></td><td></td><td></td></tr>
</tbody>
</table>

 번역

1. 请将下列句子翻译成韩国语。

(1) 在去学校借书的路上，去小卖部买了牛奶和面包。

_____

(2) 想找工作的年轻女性比以前多了。

_____

(3) 由于连续几天熬夜工作，眼窝都凹陷了。

_____

(4) 因为停电不能用手机上网，真是快闷死了。

_____

(5) 没有一个人来看这部电影，看来这部电影很没意思。

_____

2. 请将下列句子翻译成汉语。

(1) 요즘 많은 젊은이들은 스마트폰이 없으면 일을 제대로 처리하지 못한다고 해도 과언이 아닙니다.

_____

(2) 연세가 많은 분들은 스마트폰 사용에 익숙하지 못해 오히려 불편한 경우가 많다.

_____

(3) 달리는 버스 안에도 와이파이가 설치되어 있을 정도로 스마트폰 사용이 편리
해졌다.

_____

(4) 스마트폰에 비해 문자와 전화 통화만 할 수 있는 핸드폰이 더 편하다고 생각
하는 사람이 적지 않다.

_____

(5) 길을 갈 때도 스마트폰을 보면서 간다면 스마트폰 중독을 의심해야 한다.

_____

제 **13** 과

# 원하는 도서가 있는지 미리 검색해 봐

 어휘와 문법

1. 请根据汉语，写出相应的韩国语单词或词组。

(1) 主页，网页 _____ (2) 最小的，老小 _____

(3) 检索栏 _____ (4) 打开，翻开，展开 _____

(5) 托付，交给 _____ (6) 聚餐 _____

(7) 还给，交还 _____ (8) 电子图书馆 _____

(9) 关键词，关键字 _____ (10) 多媒体 _____

(11) 数字化，数字化处理 _____ (12) 负责，承担责任 _____

2. 请根据图片内容，选择正确的答案。

(1)

가: 오랜만이야. 뭐하고 있어?

나: 시험 기간(　　) 인터넷에서 자료를 검색하고 있는데 아직 못 찾았어.

① 라서　　② 이라서　　③ 다고　　④ 는다고

(2)

가: 가은 씨, 제가 요즘 너무 바빠서 (　　) 시간이 나지 않네요. 이 책을 도서관에 반납해 줄래요?

나: 아, 어떡하죠? 저도 너무 바빠서 시간을 내기 힘들 것 같아요.

① 좀처럼　　② 어렵게　　③ 그런　　④ 예전

(3)

가: 무슨 일이 있어? 왜 이렇게 힘들어 보이니?

나: 어휴, 수학 숙제를 하고 있는데 정말 어려워 (　　).

① 미친 지경이야　　　　② 미칠 지경이야

③ 미치는 것 같아　　　　④ 미친 것 같아

(4)

가: 중기야, 인터넷으로 책을 찾는 방법을 좀 알려 줘.

나: 도서관 홈페이지의 도서 (　　)에 책 제목을 입력하면 될 거야.

① 검색창　② 리스트　③ 자료실　④ 열람실

(5)

대출한 도서 한 권이 반납 마감일을 10일 초과했다.

가: 빌린 책을 제시간에 (　　) 못하면 어떻게 돼요?

나: 연체료를 내야 할 것 같아요.

① 반납하지 ② 주지　　③ 연장하지 ④ 가지지

3. 请选择适当的内容，完成下列句子。

| 다운로드 | 유의 사항 | 겪다 | 펼치다 | 파손하다 |
| 반입 | 맡기다 | 초과하다 | 대비하다 | 염려 |

(1) 꿈을 ＿＿＿＿＿＿＿ 위해 끊임없이 노력하는 모습이 참 아름답다.

(2) 요즘 회사 사장님이 나에게 일을 많이 ＿＿＿＿＿＿ 힘들어 죽을 지경이야.

(3) 제가 도와 드릴 테니까 ＿＿＿＿＿＿ 마세요.

(4) 어려움을 ＿＿＿＿＿＿ 봐야 목표를 이룰 수 있다는 것을 알아야 한다.

(5) 도서관에서 빌린 책을 ＿＿＿＿＿＿ 책임을 져야 해요.

(6) 도서관에서 책을 빌리기 전에 도서 대출 ＿＿＿＿＿＿을 먼저 살펴봐야 한다.

(7) 도서관 등 공공장소에서는 음식물 ＿＿＿＿＿＿ 금지된다는 것에 유의하세요.

(8) 도서관에서 책을 빌려서 읽는 것보다 인터넷으로 전자 자료를 ＿＿＿＿＿ 해서 읽는 것이 더 좋을 것 같아요.

(9) 책을 반납해야 하는 날짜를 _____ 연장 신청을 할 수 있다.

(10) 만일의 경우를 _____ 우산을 가지고 가는 것이 좋을 것 같습니다.

4. 请选择正确的答案。

(1) 밖에 비가 오니까 오늘은 산책을 나가지 말고 집에서 영화(    ) 보자.

① 이나          ② 나          ③ 라고          ④ 이라고

(2) 도서관에서 빌린 책(    ) 메모하지 말아야 합니다.

① 으로          ② 로          ③ 에게          ④ 에다가

(3) 가은 씨, 왕나 씨에게 이번 달 말까지 <중국 신화> 책을 도서관에 반납하(    ).

① -라고 전해 주세요          ② -으라고 전해 주세요

③ -다고 전해 주세요          ④ 이라고 전해 주세요

(4) 만약에 내가 축구 선수가 (    ) 반드시 열심히 연습해서 경기에서 이길 거야.

① 될 수 있다면     ② 될 수 있도록     ③ 될 수 있는데     ④ 될 수 있는지

(5) 환경 오염이 더 심해지면 사람들이 지구에서 (    ) 지금부터 환경 보호를 잘하는 것이 중요하다.

① 생활할 수 없을 뿐          ② 생활할 수 없기로

③ 생활할 수 없으므로          ④ 생활할 수 없느라고

(6) 아버지께서는 어떤 일을 한번 시작하면 반드시 끝까지 (    ) 성격이시다.

① 해 볼          ② 해 오는          ③ 하는          ④ 해지는

(7) 수업도 없는데 우리 같이 쇼핑을 하러 (    ).

① 가자          ② 가라          ③ 간다고 하자          ④ 가라고 하자

(8) 책을 읽으면 (    ) 많은 지식을 쌓을 수 있어요.

① 읽고          ② 읽을수록          ③ 읽자          ④ 읽으니까

(9) 하루 종일 바쁘게 보냈지만 (    ) 힘들지 않아요.

① 아무도          ② 쭉          ③ 그래도          ④ 하나도

(10) 도서관에서 책을 못 (　　) 서점에서 살 수 밖에 없어요.

　① 빌릴 경우에는　② 빌릴 지경에　　③ 빌릴 사이에　　④ 빌릴 바람에

5. 请选择适当的内容，使用 "-ㄹ/을 지경이다" 完成下列对话。

> 　　　　돈이 없다　　미치다　　바쁘다　　힘들다　　배고프다

(1) 가: 너 왜 하루 종일 집에만 있는 거니? 나와서 같이 놀자.

　　나: 놀 시간이 어디 있어? 시험 준비하느라고 ＿＿＿＿＿＿＿＿＿＿＿.

(2) 가: 제가 다니는 회사가 아직도 월급을 주지 않았어요. ＿＿＿＿＿＿＿＿＿＿

　　　어떻게 하면 좋을까요?

　　나: 걱정하지 말아요. 제가 돈을 좀 빌려 줄게요.

(3) 가: 엄마, 밥 좀 빨리 주세요. ＿＿＿＿＿＿＿＿＿＿.

　　나: 오늘은 운동을 많이 했나 보네. 조금만 기다려.

(4) 가: 요즘 하는 일들이 잘 안 돼서 정말 ＿＿＿＿＿＿＿＿＿＿.

　　나: 이러지 말고 나랑 얘기 좀 하자.

(5) 가: 오랜만에 등산을 하니까 다리도 아프고 ＿＿＿＿＿＿＿＿＿＿.

　　나: 그래요? 평소에 운동을 좀 하면 이 정도의 산은 쉽게 올라갈 수 있는데요.

6. 请选择适当的内容，使用 "에다가" 完成下列句子。

> 　　　　엽서　　벽　　책상 위　　공기 좋은 곳　　종이

(1) 도서관에서 찾아야 할 책이 많을 때에는 책 제목을 ＿＿＿＿＿＿＿＿＿＿＿

　　적어서 가지고 가야 합니다.

(2) 스승의 날에 학생들은 ＿＿＿＿＿＿＿＿＿ 감사의 마음을 적어서 선생님들께

　　드렸습니다.

(3) 아기가 아직 어려서 방 _____ 마음대로 그림을 그려요.

(4) 저기요, 가방을 _____ 놓아도 되죠?

(5) 건강을 위해 _____ 집을 짓고 살고 싶어요.

**7. 请根据内容重新排列顺序，组成正确的句子。**

(1) 기말 시험, 를, 기간, 자리, -이라서, 에서, 도서관, 찾다, -기가 힘들어요

_____

(2) 좀처럼, 고향 친구, 이, 한 번, 해야 하다, -지 않아요, -는데, 시간, 와 같이, 를, 식사, 나다

_____

(3) 책, 한국 문화, 빌렸어요, 을, 를, -기 위해, 공부하다, 이나, 10권

_____

(4) 사장님, 을, -라고 했어요, 오늘, 모두, 일, 께서, 안으로, 처리하다

_____

(5) 기회, 에서, -ㄹ, 일하다, 최선을 다하겠습니다, 꼭, 이 회사, 온다면, 저는, 가

_____

### 🎧 듣기

**1. 请听录音，选择适当的答语。** 🎧

(1) 나: _____

① 책을 다시 빌려야 해요.　　② 책을 새로 사야 해요.

③ 연체료를 내야 해요.　　④ 도서 연장 신청을 안 해도 돼요.

(2) 나: _____

① 다른 학교 도서관에 가면 돼요.

② 복사하면 돼요.

③ 친구에게 빌리면 돼요.

④ 도서관에 도서 구입 신청을 하면 돼요.

(3) 나: _____

　① 여권이나 외국인등록증을 가지고 가면 책을 빌릴 수 있어요.

　② 한국어 책과 영어 책을 같이 봤어요.

　③ 학교 근처 서점에 가면 돼요.

　④ 일본어와 한국어를 배워야 해요.

(4) 나: _____

　① 모레 제시간에 오라고 했어요.

　② 오후 3시까지 오라고 했어요.

　③ 안 오면 안 된다고 했어요.

　④ 꼭 와야 한다고 했어요.

(5) 나: _____

　① 검색창에다가 도서명 등 정보를 입력하면 돼요.

　② 홈페이지에서 도서 사진을 검색하면 돼요.

　③ 검색창에다가 자신의 이름을 입력하면 돼요.

　④ 검색창에다가 도서 출판 날짜를 입력하면 돼요.

2. 请听录音，回答下列问题。🎧

　(1) 중기 씨는 왜 도서관에 갑니까?

　　① 자리를 맡으려고 도서관에 간다.

　　② 자리도 맡고 책도 반납하러 도서관에 간다.

　　③ 책을 반납하려고 도서관에 간다.

　　④ 연체료를 내러 도서관에 간다.

　(2) 지금 몇 시입니까?

　　① 1시 반　　　　② 1시　　　　③ 2시　　　　④ 2시 반

　(3) 도서 대출 기간을 연장하려면 어떻게 해야 합니까?

　　_____

　(4) 중기 씨는 학생회 회의에 참석합니까?

　　_____

읽기

1. 请阅读下文，回答下列问题。

　　<우리의 환경을 위해>는 환경 보호를 잘 하기 위해 만든 책입니다. 책에서는 환경 오염의 종류, 해결 방법, 환경 보호 방법에 대해 자세히 설명하고 있습니다. 글뿐만 아니라 그림도 같이 제시하므로 어른과 어린이들이 모두 읽을 수 있는 아주 좋은 책입니다.

　　이 책을 소개하기 위해 저희 도서관에서는 6월 28일 오후 3시에 도서관 2층 열람실에서 축하 행사를 열 예정입니다. 환경 보호에 관심이 많은 분들은 무료로 행사에 참석할 수 있고 환경 보호에 관한 질문에 정확하게 대답하시는 분들께는 예쁜 선물도 드립니다. 많은 참석 부탁드립니다.

○○도서관

6월 21일

(1) 이번 행사는 무엇을 위해 열리는 행사입니까?

① 환경 보호를 잘하기 위해

② 도서를 소개하기 위해

③ 질문에 잘 답하기 위해

④ 책을 팔기 위해

(2) 위 글의 내용과 다른 것을 고르십시오.

① 행사는 6월 28일에 열린다.

② 이 책은 어른들만 볼 수 있는 책이 아니다.

③ 환경 보호에 관한 질문을 준비했다.

④ 이 행사에 참석하려면 돈을 내야 한다.

## 2. 请阅读下文，回答下列问题。

　　요즘은 도서관보다도 독서실에서 공부하는 것이 유행이다. 예전에는 학생들이 수업이 끝나고 공부하려면 보통 도서관 열람실이나 자습실을 찾았다. 그러나 지금은 독서실을 즐겨 이용하는 학생들이 많아지면서 학교 근처뿐만 아니라 아파트 단지에서도 독서실을 찾을 수 있다. 독서실에는 몇 명이 같이 공부할 수 있는 방도 있고 혼자서 조용히 공부할 수 있는 자습실도 있다. 그리고 식사를 하고 쉴 수 있는 공간도 있어서 아주 편리하다. 그래서 학생들뿐만 아니라 직장에 다니는 사람들도 조용히 공부하기 위해 독서실에 많이 온다. ( ㉠ ) 독서실이 공기가 안 좋고 책도 빌릴 수 없어서 불편하다고 하는 사람도 적지 않다.

(1) ( ㉠ )에 들어갈 내용으로 가장 알맞은 것을 고르십시오.

　① 그러면　　　　② 그러나　　　　③ 그리고　　　　④ 그래서

(2) 위 글의 내용과 일치하면 ○, 일치하지 않으면 ×를 하십시오.

　1) 독서실은 방이 하나밖에 없다. (　　　)

　2) 독서실에는 여러 명이 같이 공부할 수 있는 방이 있다. (　　　)

　3) 독서실은 불편한 점이 하나도 없고 아주 편리하다. (　　　)

　4) 직장에 다니는 사람들은 대부분 예전처럼 도서관에서만 공부한다. (　　　)

(3) 직장인들이 독서실을 찾는 이유로 알맞은 것을 고르십시오.

　① 독서실이 공기가 좋아서　　　　② 학교 근처에 있어서

　③ 방이 많아서　　　　　　　　　④ 조용히 공부할 수 있어서

(4) 여러분은 공부를 하기 위해 도서관과 독서실 중에서 어느 곳을 선택할 겁니까? 그 이유를 간단하게 쓰십시오.

---

아파트 단지(apartment 團地) [词组] 小区

**쓰기**

1. 请回答下列问题。

(1) 책을 읽으면서 우리는 무엇을 배울 수 있습니까?

_____

(2) 책을 읽으면 왜 기분이 좋습니까?

_____

(3) 책을 많이 읽어야 쓰기 능력이 는다고 하는데 여러분은 어떻게 생각합니까?

_____

(4) 여러분은 독서를 통해 어떤 문제를 해결한 적이 있습니까?

_____

2. 请参考课文内容，完成下文。

저는 도서관에서 공부하는 것을 좋아한다. 왜냐하면 도서관은 조용해서 공부에 쉽게 _____ 수 있기 때문이다. 그런데 도서관에서 자리를 ___가 쉽지 않다. 그래서 수업이 없는 날이면 아침에 일찍 일어나서 도서관에 간다. 저는 도서관에서 책을 읽는 것을 좋아한다. 원하는 도서를 도서관 _____ 검색창에서 검색하여 ___를 확인하고 책을 찾아서 읽는다. 저는 열람실에서 책을 ____ 놓고 읽는 것이 편하고 좋다. 가끔 시간이 부족하면 책을 _____ 읽기도 한다. 도서관에서 찾을 수 없는 책이 있으면 도서관에 _____을 신청할 수 있다. 도서관에서 하루 종일 공부하면 피곤할 때도 _____ 기숙사에서 공부하는 것보다 효과가 좋은 것 같다.

3. 请写一篇作文，介绍你的读书习惯。

（此处为方格稿纸，留空）

### 번역

1. 请将下列句子翻译成韩国语。

(1) 如果想要借书，要在检索栏里输入书名。

_____

(2) 周末会堵车，请参会者提早出行。

_____

(3) 为了考出好成绩，姐姐背诵了六本书。

_____

(4) 姐姐让我每天去图书馆学习。

_____

(5) 明天没有课的话，我们一起去看电影吧。

_____

2. 请将下列句子翻译成汉语。

(1) 도서관에 원하는 책이 없을 경우에는 인터넷에서 전자 자료를 찾는 것도 좋은
방법인 것 같다.

_____

(2) 아침에 빵에다가 계란과 과일도 먹어서 배가 불러요.

_____

(3) 요즘 결혼 준비하느라고 좀처럼 친구를 만날 시간이 나지 않네요.

_____

(4) 오늘은 공휴일이라서 평일보다 백화점에 사람이 많다.

_____

(5) 그 문제를 해결할 수 있는 방법을 못 찾아서 아주 미칠 지경이야.

_____

# 민속촌에 가 본 적이 있나요?

## 🗂 어휘와 문법

**1. 请根据汉语，写出相应的韩国语单词或词组。**

(1) 民俗游戏 _____

(2) 诗人 _____

(3) 风俗，习俗 _____

(4) 回信，回复 _____

(5) 花生 _____

(6) 台风 _____

(7) 智慧 _____

(8) 责任感 _____

(9) 许愿 _____

(10) 洗头 _____

(11) 做松糕 _____

(12) 贴春联 _____

**2. 请根据图片内容，选择正确的答案。**

(1)

가: 설날에 한국 사람들은 어떤 음식을 먹어요?

나: 몸과 마음을 깨끗하게 한 해를 시작하자는 의미
에서 (       )를/을 먹어요.

① 물고기    ② 떡국    ③ 떡볶이    ④ 밑반찬

(2)

가: 단오절은 중국의 전통 명절이지요?

나: 네, 단오절에는 쭝즈를 먹고 (       ) 경기를 하는
풍속이 있어요.

① 세배    ② 세시    ③ 용기    ④ 용선

(3)

가: 요즘 (       )가/이 심해서 잠을 이룰 수 없어요.

나: 얼른 병원에 가 봐요.

① 두통    ② 오염    ③ 고생    ④ 피해

(4)

가: 양화 씨, 주말에 시간이 있으면 같이 영화 보러 갈까요?

나: 미안해요. 친구 (　　)에 가야 돼서 이번에 좀 어려울 것 같아요.

① 입학식　　② 결혼식　　③ 서양식　　④ 졸업식

(5)

가: 가은 씨, 나중에 어떤 일을 하고 싶어요?

나: 대학에서 중국 역사를 (　　) 교수가 되고 싶어요.

① 할인하는　　　　　　② 보존하는

③ 연구하는　　　　　　④ 제안하는

3. 请选择适当的内容，完成下列句子。

> 돌다　　떠우다　　구하다　　던지다　　상하다
>
> 찾아가다　　강의하다　　인사하다　　뛰어다니다　　마무리하다

(1) 설날에 할아버지 댁에 ＿＿＿＿＿＿ 세배를 드렸다.

(2) ＿＿＿＿＿＿ 음식을 먹으면 배가 아플 수 있으니까 빨리 버리세요.

(3) 다음 주 금요일까지 그 일을 ＿＿＿＿＿＿ 주십시오.

(4) 그는 큰 목소리로 ＿＿＿＿＿＿ 사람들에게 자신을 소개했다.

(5) 윷놀이를 할 때, 말 네 개가 먼저 말판을 ＿＿＿＿＿＿ 나오는 팀이 이긴다.

(6) 지난달에 직장을 구하기 위해서 여기저기 ＿＿＿＿＿＿.

(7) 왕 교수는 이번 학기에 학생들에게 한국 민속을 ＿＿＿＿＿＿ 있다.

(8) 기자들이 그 배우에게 대답하기 어려운 질문을 ＿＿＿＿＿＿.

(9) 태풍 때문에 호우가 내려서 비행기를 ＿＿＿＿＿＿가 힘들 것 같다.

(10) 병을 치료하여 사람을 ＿＿＿＿＿＿ 의사가 되는 것이 제 꿈이다.

4. 请选择正确的答案。

(1) 이곳은 옛날 왕이 살았던 (　　)이었다.

① 농촌　　　　② 동굴　　　　③ 궁궐　　　　④ 가옥

(2) 직원들은 서로 새해 복 많이 받으시라고 (　　)을 주고받았다.

　　① 상품　　　　　② 덕담　　　　　③ 농담　　　　　④ 도움

(3) 정보가 (　　) 나는 사회에서 바쁘게 사는 우리가 모든 뉴스를 다 볼 수는 없다.

　　① 넘쳐　　　　　② 던져　　　　　③ 울려　　　　　④ 넘어

(4) 선생님이 묻는 말에 나는 (　　) 대답했다.

　　① 멀리　　　　　② 전혀　　　　　③ 얼른　　　　　④ 아예

(5) 여자친구와의 아름다운 추억은 내 마음에 (　　) 간직할 것이다.

　　① 꾸준히　　　　② 영원히　　　　③ 자세히　　　　④ 천천히

(6) 아이에게 몇 (　　) 물어봤다.

　　① 살이냐고　　　② 살이자고　　　③ 살이라고　　　④ 살이다고

(7) 너무 피곤해서 집에 (　　) 잤어요.

　　① 오므로　　　　② 오려고　　　　③ 오느라고　　　④ 오자마자

(8) 가: 목이 마른데 시원한 음료수 좀 주세요.

　　나: 지금 우유(　　) 없는데 드릴까요?

　　① 라도　　　　　② 밖에　　　　　③ 까지　　　　　④ 처럼

(9) 가: 오랜만에 만났는데 금방 헤어지려니까 아쉽네요.

　　나: 저도요. 그래도 잠깐(　　) 얼굴을 볼 수 있어서 정말 기뻤어요.

　　① 만　　　　　　② 에다가　　　　③ 이라도　　　　④ 으로부터

(10) 가: 노래를 정말 잘하네요.

　　나: (　　). 은서 씨가 더 잘하잖아요.

　　① 잘하니까요　　② 잘하거든요　　③ 잘하는군요　　④ 잘하기는요

5. **请选择画线部分正确的一项。**

(1) ① 과일 <u>자른</u> 칼을 사려고 가게에 갔다.

　　② 평소 즐겨 <u>입던</u> 옷을 동생에게 주었다.

　　③ 건강을 위해 매일 <u>운동할</u> 습관을 가져야 한다.

　　④ 오늘 아침에 <u>듣는</u> 뉴스에서 오후에 눈이 온다고 했다.

(2) ① 지난주에 가 <u>보던</u> 카페에 갈까요?

② 아까 제가 <u>마셨던</u> 주스를 버렸어요?

③ 대학교 때 자주 <u>가던</u> 식당에 다시 가 보고 싶어요.

④ 아까부터 내 옆에 <u>앉고 있던</u> 사람이 말을 걸었어요.

(3) ① 그는 영어를 공부할 때 사전이 왜 <u>필요하다고 했다</u>.

② 누나가 나에게 어버이날 선물을 같이 <u>사자고 했다</u>.

③ 날씨도 춥지 않은데 왜 코트를 <u>입으라고 했다</u>.

④ 뉴스에서 다음 주부터 올림픽이 베이징에서 <u>열리냐고 했다</u>.

(4) ① 그는 항상 노래를 <u>들었으면서</u> 운전을 했다.

② 날씨가 갑자기 <u>추운 바람에</u> 감기에 걸렸다.

③ 선배가 길을 <u>알려 준 탓에</u> 헬스장에 빨리 도착했다.

④ 학교를 <u>졸업하자마자</u> 남자친구와 결혼했다.

6. 请先连线，然后使用 "–로/으로 인해" 完成句子。

(1) 태풍　　　　　•　　　•　친구와의 관계가 안 좋아졌다

(2) 환경 오염　　•　　　•　건강을 잃는 사람들이 많다

(3) 사소한 오해　•　　　•　비행기 도착이 지연되고 있다

(4) 운동 부족　　•　　　•　한국 제품에 대한 외국인의 관심이 높아지고 있다

(5) 한류의 영향　•　　　•　공기가 점점 나빠지고 있다

(1) _____

(2) _____

(3) _____

(4) _____

(5) _____

7. 请根据内容重新排列顺序，组成正确的句子。

(1) 식당, 방송, 유명해졌어요, 으로 인해, 그, 정말, 이

_____

(2) 에, 에어컨, 집, 부터, -자마자, 들어가다, 켜요

_____

(3) 생각나요, 가, 부르다, 자주, -던, -ㄹ 때, 노래, 어리다

_____

(4) 가다, 에, 내일, 보다, 룸메이트, 영화, 가, -자고 했어요, 극장, 를, -아서

_____

(5) 책, 없다, 에, 약속, 읽으세요, 집, 주말, 이, -다면, 에서, 이라도

_____

8. 请选择适当的内容，完成下列对话。

> -기는(요)    -자마자    -자고 하다
> -는 길    -냐고/으냐고/느냐고 묻다

(1) 가: 어제 동아리 모임에 못 갔는데 다른 회원들은 모두 나왔어?

　나: 응, 모두 네가 어떻게 _____. (지내다)

(2) 가: 조민 씨는 영어를 잘하니까 한국어 공부도 별로 어렵지 않겠어요.

　나: 안 _____. 문법이 어려워서 매일 2시간씩 공부해야 해요.

　(어렵다)

(3) 가: 장빈아, 과일을 왜 그렇게 많이 샀어?

　나: 기숙사에 _____ 마트에서 싸게 팔아서 많이 샀어.

　(돌아오다)

(4) 가: 배가 너무 불러요. 누워서 좀 자고 싶어요.

　나: 밥을 _____ 누우면 건강에 안 좋아요. (먹다)

(5) 가: 방학에 뭐 할 거야?

　나: 서준이가 수영을 같이 _____. (배우다)

🎧 **듣기**

**1. 请听录音，选择适当的答语。** 🎧

(1) 나: _____

　　① 양반들이에요.　　　　　　② 음력 8월 15일이에요.

　　③ 송편이에요.　　　　　　　④ 3만 2천원이에요.

(2) 나: _____

　　① 네, 윷놀이를 해요.　　　　② 네, 용선 경기를 해요.

　　③ 네, 불꽃놀이를 해요.　　　④ 네, 춘련을 붙여요.

(3) 나: _____

　　① 네, 맛있는 떡국을 먹고 세뱃돈도 받았어요.

　　② 네, 여름에 가족들과 제주 민속촌에 갔다 왔어요.

　　③ 아니요, 시험이 끝나자마자 고향에 갔어요.

　　④ 아니요, 시험이 시작하기 전에 교실에 도착했어요.

(4) 나: _____

　　① 무겁기는. 전혀 무겁지 않아.

　　② 모범생이기는. 부족한 점이 아직 많은데.

　　③ 오래 걸리기는. 생각보다 빨리 했어.

　　④ 잘하기는. 간단한 요리 몇 가지만 할 수 있어.

(5) 나: _____

　　① 시간이 없으니까 비행기 티켓부터 예약하세요.

　　② 열심히 공부했으니까 너무 걱정하지 마세요.

　　③ 민속촌에 가 봤으니까 이번에는 다른 데로 갑시다.

　　④ 숙제가 많으니까 저녁 먹고 같이 도서관에 갑시다.

**2. 请听录音，回答下列问题。** 🎧

(1) 조민 씨는 무엇을 하고 있습니까?

　　① 배달 음식을 주문하고 있다.

　　② 항공권을 예약하고 있다.

③ 한국 드라마를 보고 있다.

④ 인터넷에서 여행 정보를 찾고 있다.

(2) 들은 내용과 일치하는 것을 고르십시오.

① 조민 씨는 지금 교환 학생으로 한국에 와 있다.

② 조민 씨는 한국 역사에 대해 별로 관심이 없다.

③ 조민 씨는 작년 여름에 부산과 제주도에 다녀왔다.

④ 국립민속박물관은 주말에도 무료로 관람할 수 있다.

(3) 국립민속박물관은 어떤 곳입니까?

국립민속박물관은 _____ 옆에 위치하고 있으며, 한국 사람들의 _____를/을
느끼고 체험할 수 있는 곳입니다.

(4) 국립민속박물관에서 무엇을 구경할 수 있습니까?

_____

 읽기

1. 请阅读下文，回答下列问题。

> 한국 음악 박물관으로 오십시오. 한국 음악 박물관에서는 한국의
> 옛날 악기를 보고 악기 소리를 들을 수 있습니다. ( ㉠ ) 사진과 동영
> 상을 보면서 한국 음악의 역사에 대해서 알 수 있습니다. 또한 주말에
> 는 다양한 음악 공연을 볼 수 있고 음악과 관련된 특강도 들을 수 있
> 습니다. 박물관 1층에는 기념품을 구입할 수 있는 가게가 있고 맛있는
> 커피를 즐기면서 대화를 나눌 수 있는 공간도 마련되어 있습니다.

(1) ( ㉠ )에 들어갈 내용으로 알맞은 것을 고르십시오.

① 그리고        ② 그러나        ③ 그래도        ④ 그러므로

(2) 무엇에 대한 이야기인지 알맞은 것을 고르십시오.

① 한국 음악 박물관을 만든 과정

② 한국 음악의 역사

③ 한국 음악 박물관에서 할 수 있는 일

④ 한국 음악 박물관에서 배울 수 있는 악기

2. 请阅读新闻报道，补全标题。

해외 _____ 제주 경제 발전

　　2022년 현재, 제주도를 찾은 해외 관광객의 수가 천만 명이 넘은 것으로 나타났다. 이것은 세계적인 관광지인 미국 하와이, 태국 푸껫보다도 많은 수라고 한다. 제주도의 관광객 증가로 앞으로 제주도의 관광 산업도 더욱 발전할 것으로 보인다.

3. 请阅读下文，回答下列问题。

　　한국의 대표적인 명절 음식으로는 설날 아침에 먹는 떡국을 들 수 있다. 떡국을 만들 때는 하얗고 긴 떡을 준비한다. 떡의 하얀색은 깨끗한 몸과 마음으로 한 해를 시작하는 것을 뜻하고 떡의 긴 모양은 아프지 않고 오래 사는 것을 의미한다. ( ㉠ ) 그리고 한국 사람들은 떡국 한 그릇을 먹으면 나이를 한 살 더 먹는다고 생각해서 "떡국 몇 그릇이나 먹었어?"라는 질문을 하기도 한다. 이렇게 설날에 먹는 떡국에는 다양하고 재미있는 의미가 담겨 있다. ( ㉡ )

　　또한 추석에 빼놓지 않고 먹는 음식으로는 송편이 있다. 송편은 추석에 과일과 곡식을 수확한 후 조상과 하늘에 감사하는 마음을 담아 만드는 음식이다. ( ㉢ ) 전하는 말로는 송편을 예쁘게 잘 만들면 예쁜 아이를 낳는다고 해서 여자들은 모양이 예쁜 송편을 만들기 위해 노력했다고 한다.

　　마지막으로 양력 12월 21일 또는 22일인 동지는 일 년 중에 밤이 가장 길고 낮이 가장 짧은 날이다. ( ㉣ ) 그리고 옛날에 한국 사람들은 팥의 붉은색이 집 안에 나쁜 일이 생기는 것을 막아 준다고 믿었기 때문에 팥죽을 문이나 벽에 뿌리기도 했다. ( ㉤ )

푸껫(Phuket) [名] 普吉岛　　　조상(祖上) [名] 祖先，祖宗　　　뿌리다 [动] 洒，淋，喷

(1) 위 글의 제목으로 가장 알맞은 것을 고르십시오.

① 한국 음식의 역사  ② 한국의 대표적인 명절 음식

③ 한국의 명절과 전통 놀이  ④ 설날의 음식과 풍속

(2) 밑줄 친 부분과 의미가 비슷한 것을 고르십시오.

① 떡국 몇 그릇이나 먹었다는 질문을 하기도 한다.

② 떡국 몇 그릇이나 먹으라는 질문을 하기도 한다.

③ 떡국 몇 그릇이나 먹자는 질문을 하기도 한다.

④ 떡국 몇 그릇이나 먹었냐는 질문을 하기도 한다.

(3) 명절과 그 명절에 먹는 음식을 연결하십시오.

설날 •

추석 •

동지 •

(4) 위 글의 내용과 일치하면 ○, 일치하지 않으면 ×를 하십시오.

1) 설날에 먹는 떡국에는 깨끗함, 건강 등 다양한 의미가 있습니다. (  )

2) 한국 사람들은 떡국을 맛있게 만들면 예쁜 아이를 낳을 수 있다고 믿습니다. (  )

3) 동지는 음력 12월 21일 또는 22일이며 일 년 중에 밤이 가장 긴 날입니다.
(  )

(5) 위 글에서 <보기>의 문장이 들어가기에 가장 알맞은 곳을 고르십시오.

─── <보기> ───

설날에 떡국, 추석에 송편을 먹는 것처럼 동지에는 사람들이 팥죽을 만들어 먹는다.

① ㉠  ② ㉡  ③ ㉢  ④ ㉣

(6) 송편은 어떤 음식입니까?

_____

(7) 옛날에 한국 사람들은 동지에 왜 팥죽을 문이나 벽에 뿌렸습니까?

_____

 쓰기

1. 请根据图片内容，回答下列问题。

 과거

현재

(1) 위 그림은 어떤 명절을 보여 주고 있습니까?

_____

(2) 왕나 씨의 가족이 이 명절을 보내는 방식이 어떻게 달라졌습니까?

_____

_____

(3) 지금 명절을 보내는 방식이 과거에 비해 많이 달려졌다는 점에 대해 어떻게
생각합니까?

_____

2. 请参考图片和课文2的内容，完成张斌的日记。

　　오늘 한국 문화 수업에서는 교수님께서 _____ 주제로 강의를 하
셨다. 교수님께서 전통 한옥 사진을 보여 주면서 우리에게 _____
_____ 물어보셨다. 사진을 보고 나는 _____
_____ 생각났다. 부모님이 민속촌에 꼭 가 보자고 해서 _____
_____. 바닷가에서 가까운 제주민속촌은 아름다운
자연과 제주의 역사 문화가 하나 된 곳이다. 민속촌 안에 아름다운 꽃들이 많이
피어 있어서 우리는 _____. 그리고 민속촌에서는 _____
_____를/을 볼 수 있는 전통 가옥을 많이 볼 수 있다. 뿐만 아니라
윷놀이 등 _____.
사진을 찍느라고 민속촌을 자세히 보지는 못해서 좀 아쉬웠다. 나중에 기회가 있
으면 또 가 보고 싶다.

3. 春节、清明节、端午节和中秋节是中国的四大传统节日，请从中任意选择一
   个节日，参考下面的问题，写一篇作文。

> ✎ 선택한 명절은 무엇입니까？
>
> ✎ 그 명절을 선택한 이유가 무엇입니까？
>
> ✎ 여러분의 고향에서는 그 명절을 어떻게 보냅니까？

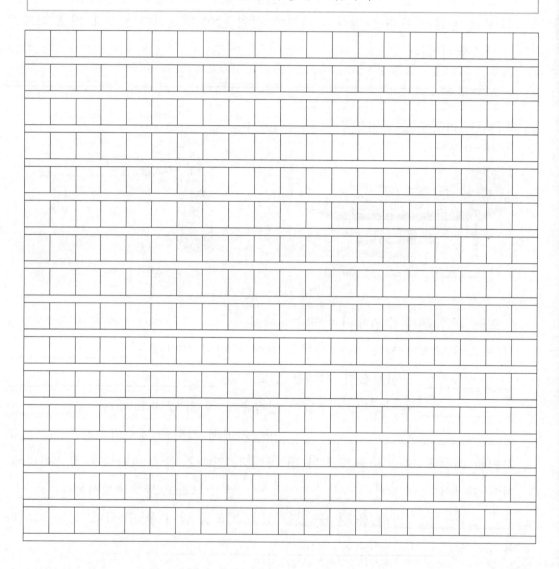

💬 **번역**

1. 请将下列句子翻译成韩国语。

(1) 刚上地铁，门就关上了。

_____

(2) 由于时间关系，没能和教授详谈。

_____

(3) 入学第一天，老师问我们今后想成为什么样的人。

_____

(4) 我和去年暑假一起去旅行的朋友们约好了一会儿见面。

_____

(5) 春节前，因工作在外忙碌了一年的人们，会想要回到老家同亲人们团聚。

_____

2. 请将下列句子翻译成汉语。

(1) 예전부터 알고 지내던 친구가 갑자기 사귀자고 해서 정말 놀랐어요.

_____

(2) 장빈은 몸을 키우기 위해 다음 달부터 같이 헬스장에 다니자고 했어요.

_____

(3) 1박 2일로 여행을 가는 게 어려우면 당일 여행이라도 가서 스트레스를 풀고
와요.

_____

(4) 2008년과 2022년 두 번의 올림픽 개최로 인하여 온 국민이 스포츠에 대한 관
심이 높아졌어요.

_____

(5) 설날은 한 해를 시작하는 날이기 때문에 당연히 중요한 의미가 있지만 농사를
짓고 생활하던 전통 사회에서는 첫 보름달이 뜨는 정월 대보름이 가진 의미도
특별했어요.

_____

# 제 15 과
# 한국에는 어떤 신화가 있어?

## 📖 어휘와 문법

**1. 请根据汉语，写出相应的韩国语单词或词组。**

(1) 动物 _____  (2) 民族 _____

(3) 大蒜 _____  (4) 语法 _____

(5) 带领，率领 _____  (6) 神圣，圣洁 _____

(7) 思维方式 _____  (8) 夜班 _____

(9) 还债 _____  (10) 生孩子 _____

(11) 经受苦难 _____  (12) 编造谎言 _____

**2. 请根据图片内容，选择正确的答案。**

(1)

가: 어제 아이들과 같이 동물원에 갔어?

나: 응, 아이들은 책에서만 보던 (      )를/을 동물원에서 직접 보게 돼서 무척 기뻐했어.

① 고양이   ② 거북이   ③ 호랑이   ④ 물고기

(2)

가: 선배, 졸업하고 바로 취직할 거예요?

나: 아직 결정하지 못했는데, 중국 (      )에 대한 관심이 많아서 대학원에 가서 계속 공부하고 싶어.

① 역사     ② 문학     ③ 민속     ④ 경제

(3)

가: 밖에 날씨가 흐리냐?

나: (      )가/이 많은 걸 보니 비가 올 것 같아.

① 구름     ② 바람     ③ 추위     ④ 햇빛

(4)

가: 죄송하지만, (　　)를/을 좀 보여 주십시오.

나: 네, 여기 있습니다.

① 신분증　　　　　　② 외국인등록증

③ 현금 영수증　　　　④ 운전면허증

(5)

가: 운동화를 사려고 하는데 어디로 가야 돼요?

나: 고객님, 6층으로 (　　) 바로 왼쪽에 스포츠 매

장이 있어요.

① 내려오시면　　　　② 내려가시면

③ 올라오시면　　　　④ 올라가시면

3. 请选择适当的内容，完成下列句子。

갚다　　낳다　　써내다　　미루다　　비롯되다

날아오다　　후회하다　　조사하다　　가리키다　　뛰쳐나오다

(1) 경찰은 교통사고의 원인을 ＿＿＿＿＿＿＿ 있다.

(2) 무거운 책임을 다른 사람에게 ＿＿＿＿＿＿ 마세요.

(3) 인내심이 없는 호랑이가 며칠 만에 동굴에서 ＿＿＿＿＿ 말았다.

(4) 서준은 얼굴로 ＿＿＿＿＿＿ 농구공을 손으로 잡았다.

(5) 두 사람 간의 갈등은 문화의 차이에서 ＿＿＿＿＿ 것이다.

(6) 말하기 대회에서 상을 받은 것은 꾸준한 연습이 ＿＿＿＿＿ 결과이다.

(7) 한국어에는 나이를 ＿＿＿＿＿ 말이 여러 개가 있다.

(8) 나는 그때 선생님의 말을 듣지 않았던 것에 대해 지금도 ＿＿＿＿＿ 있

다.

(9) 그는 열심히 일을 해서 은행에서 대출 받은 돈을 모두 ＿＿＿＿＿.

(10) 시험이 시작하고 한 시간이 지났지만 답안지를 ＿＿＿＿＿ 사람이 한

명도 없었다.

4. 请选择正确的答案。

(1) 남자친구가 자주 약속 시간에 늦지만 나는 항상 (    )를/을 갖고 기다렸다.

　① 관심　　　　　② 조심　　　　　③ 진심　　　　　④ 인내심

(2) 어제 본 영화는 (    ) 세계를 다룬 이야기라서 현실성이 좀 없었다.

　① 인간적　　　　② 환상적　　　　③ 역사적　　　　④ 전통적

(3) 소설에는 딸이 어머니에 대한 깊고 (    ) 그리움을 표현하고 있다.

　① 간절한　　　　② 사소한　　　　③ 궁금한　　　　④ 신성한

(4) 피곤할 때 무엇보다 잠을 (    ) 자는 것이 좋습니다.

　① 대단히　　　　② 충분히　　　　③ 정확히　　　　④ 여전히

(5) 나의 대학 시절을 보낸 이곳에 다시 오니 (    ) 고향에 온 것처럼 너무 편하다.

　① 높이　　　　　② 곧이　　　　　③ 마치　　　　　④ 마침

(6) 사람(    ) 성격이 다릅니다.

　① 마다　　　　　② 처럼　　　　　③ 밖에　　　　　④ 같이

(7) 잠깐 화장실에 간 사이에 (    )가 내 책상 위에 과자를 두고 갔다.

　① 무언가　　　　② 언젠가　　　　③ 누군가　　　　④ 어디선가

(8) 할아버지께서 나를 무척 (    ) 볼 때마다 용돈을 많이 주신다.

　① 예뻐서　　　　② 예뻐도　　　　③ 예쁘므로　　　　④ 예뻐하셔서

(9) 가: 장학금을 받은 걸 축하해요. 좋은 공부 방법이 있으면 알려 줘요.

　　나: 고마워요. 수업을 (    ) 중요한 내용을 메모하는 것이 좋아요.

　① 들을수록　　　② 들으며　　　　③ 듣느라고　　　④ 들으니까

(10) 가: 50년 후에는 사람들이 몇 살까지 살 수 있을까요?

　　나: 과학이 계속 발전하고 있으니까 그때는 100살까지 (    ).

　① 살잖아요　　　　　　　　　② 살 수도 있어요

　③ 산 편이에요　　　　　　　　④ 산 적이 있어요

5. 请使用 "-ㄹ/을 텐데" 把两部分连接成一个句子。

   (1) 날씨가 많이 춥다/두꺼운 옷을 입고 가다

   _____

   (2) 아침을 안 먹어서 배고프다/과자라도 좀 드시다

   _____

   (3) 많이 바쁘시다/시간을 내주셔서 감사하다

   _____

   (4) 어제 늦게까지 공부해서 피곤하다/오늘은 좀 일찍 쉬다

   _____

   (5) 명절이라서 길이 많이 막히다/기차를 타고 가다

   _____

6. 选择适当的内容，使用 "-ㄹ/을 수밖에 없다" 完成下列句子。

> 헤어지다    가격이 비싸다    사전을 찾다    밤을 새우다    덥다

   (1) 내일 제출해야 할 보고서를 아직 시작도 못해서 오늘 _____.

   (2) 그 호텔은 위치도 좋고 시설도 좋으니까 _____.

   (3) 에어컨이 고장 나서 강의실이 _____.

   (4) 모르는 단어가 있어서 _____.

   (5) 남자친구와 결혼하고 싶은데 부모님이 반대하셔서 _____.

7. 请根据内容重新排列顺序，组成正确的句子。

   (1) -어해요, 를, 동생, 무섭다, 개, 은

   _____

   (2) 일본어 학원, 가요, 일요일, 에, 오빠, 마다, 는

   _____

   (3) 노력하다, 성공하다, -ㄴ가, 열심히, -ㄹ 거예요, -면, 언제

   _____

(4) 시험, -기 전에는, 긴장하다, -ㄴ, 중요하다, -ㄹ 수 밖에 없어요, 을, 보다

_____

(5) 일찍, 다음, 에, 싫어하다, 늦다, 친구들, 약속 시간, 출발해, 이, -ㄹ 텐데, -으면, 부터는

_____

8. 请选择适当的内容，完成下列对话。

> -며/으며    -ㄹ/을 텐데    -ㄹ/을 수(도) 있다
>
> -아/어/여하다    -ㄹ/을 수밖에 없다

(1) 가: 시험이 _____ 아르바이트를 하느라고 복습을 많이 못했어.

　　(어렵다)

　　나: 너무 걱정하지 마. 그동안 수업을 열심히 들었잖아.

(2) 가: 기숙사 엘리베이터가 자주 고장이 나서 학생들이 _____.

　　(불편하다)

　　나: 그럼 새로운 엘리베이터를 설치하는 게 어떨까요?

(3) 가: 오늘도 김밥만 먹어요?

　　나: 식당에 갈 시간이 없어서 김밥을 _____. (먹다)

(4) 가: 조민아, 한국어 정말 잘해. 어떻게 공부했어?

　　나: 잘하긴, 나는 케이팝을 _____ 한국어를 공부해. (듣다)

(5) 가: 이번 학기에 한국어 읽기 수업 교실이 502호입니까?

　　나: 네, 하지만 교실이 _____. 수업 전에 다시 확인해 보세요.

　　(바뀌다)

## 🎧 듣기

1. 请听录音，选择适当的答语。🎧

(1) 나: _____

① 네, 맛있게 먹었어요.　　　　　② 아니요, 친구와 같이 갔어요.

③ 네, 거의 날마다 가요.　　　　　④ 아니요, 집 근처에 없어요.

(2) 나: _____

① 3시 20분 열차로 바꿀까요?

② 분실물센터에 가서 찾아볼까요?

③ 비행기 티켓을 미리 예약할까요?

④ 이메일로 신청해도 될까요?

(3) 나: _____

① 이따 도서관에 가서 신화와 관련된 자료를 찾아야겠어요.

② 신화를 통해서 한 나라의 문화와 그 민족의 사고방식을 알 수 있어요.

③ 한국의 대표적인 신화로는 단군 신화, 김알지 신화 등이 있어요.

④ 중국 신화와 한국 신화는 공통적인 부분을 많이 가지고 있어요.

(4) 나: _____

① 아니요, 아직 장학금 신청 기간이 지나지 않았어요.

② 아니요, 이번 학기 성적이 안 좋아서 장학금을 신청하지 않았어요.

③ 글쎄요, 지금 장학금 신청 서류를 제출하면 늦을 수도 있어요.

④ 글쎄요, 요즘은 성적이 좋은 학생이 많아서 못 받을 수도 있어요.

(5) 나: _____

① 신화는 원시인들의 사고에서 비롯된 경우가 많아요.

② 역사가 오래된 나라는 모두 고유의 신화를 가지고 있어요.

③ 초자연적인 능력을 가지며 인간처럼 누군가를 사랑하기도 해요.

④ 신화를 여러 번 읽어 보면 그 속에 담긴 지혜를 이해할 수 있어요.

2. 请听录音，回答下列问题。🎧

(1) 들은 내용과 일치하는 것을 고르십시오.

① 중기 씨는 오늘 중국어 읽기 수업을 들었다.

② 중기 씨는 저녁에 친구와 같이 영화를 보기로 했다.

③ 왕나 씨는 아버지한테서 책을 선물로 받은 적이 있다.

④ 왕나 씨는 그리스 로마 신화를 읽어 본 적이 없다.

(2) 대화가 끝난 후에 두 사람이 이어서 할 행동으로 알맞은 것을 고르십시오.

① 도서관에 가서 시험을 준비한다.

② 강의실에 가서 특강을 듣는다.

③ 서점에 가서 책을 찾아본다.

④ 식당에 가서 저녁을 먹는다.

(3) 들은 내용과 일치하면 ○, 일치하지 않으면 ×를 하십시오.

1) 왕나 씨는 옛날 사람들의 상상력이 매우 풍부하다고 생각합니다. (     )

2) 교수님이 특강을 할 때 다양한 중국 신화를 소개했습니다. (     )

3) 중기 씨는 왕나 씨에게 서양 문화에 대해 자세히 설명했습니다. (     )

(4) 왕나 씨는 언제부터 신화를 좋아하게 되었습니까?

_____

(5) 중기 씨는 특강을 듣고 신화에 대한 생각이 어떻게 변했습니까?

_____

읽기

1. 请将下列句子正确排序。

① 부상은 열 개의 해가 사는 집이다.

② 한국 신화에 나오는 우주나무는 신단수이다.

③ 또한 중국의 『산해경(山海經)』을 보면 부상이라는 우주나무가 나온다.

④ 우주나무는 하늘과 땅을 이어 주는 큰 나무라고 생각하면 이해하기 쉽다.

⑤ 해는 부상에서 살면서 하나씩 하늘로 떠올랐다고 한다.

⑥ 환웅이 하늘에서 내려와 마을을 만든 곳이며, 여자가 된 웅녀와 결혼한 곳도 신단수 앞이다.

(   ) — (   ) — (   ) — (   ) — (   ) — (   )

2. 请阅读下文，回答下列问题。

　　신화는 먼 고대로부터 지금까지 인류가 꾸고 있는 꿈이며 집단적인 기억이라고 표현할 수 있다. 이런 면에서 신화에는 역사가 반영될 수밖에 없다. 가장 대표적인 것으로 트로이 발굴을 말할 수 있다. 하인리히 슐리만(Heinrich Schliemann, 1822~1890)은 어릴 때부터 그리스 신화를 좋아했다. ( ㉠ ) 그리고 그것이 실제로 일어났던 일이라고 믿었다. ( ㉡ ) 사람들은 슐리만을 미친 사람이라고 생각했지만, 그는 신경을 쓰지 않고 작업을 계속 해서 <u>마침내</u> 땅 속에서 고대 트로이의 유적을 발굴했다. ( ㉢ ) 신화와 역사가 만나는 지점을 찾아낸 것이다.

　　그 후 슐리만은 고대 그리스 문명의 발상지를 발굴했고 많은 신화 유적을 찾아냈다. ( ㉣ ) 다만 슐리만이 전문 학자가 아니기 때문에 발굴 과정에서 많은 유적이 파손되었다. ( ㉤ ) 슐리만의 믿음이 없었다면 신화와 역사가 만나는 지점을 찾지 못했을지도 모른다.

부상(扶桑) [名] 扶桑　　신단수(神壇樹) [名] 神坛树　　떠오르다 [动] 升起，浮起
집단적(集團的)(的) [名/冠] 集体的，团体的　　반영되다(反映--) [动] 反映　　트로이(Troy) [名] 特洛伊
발굴(發掘) [名] 挖掘，发掘　　지점(地點) [名] 地点　　발상지(發祥地) [名] 发祥地，发源地

(1) 위 글의 제목으로 가장 알맞은 것을 고르십시오.

　　① 그리스 신화　　　　　　　　　② 신화와 역사의 만남

　　③ 슐리만의 취미　　　　　　　　④ 그리스의 유적지

(2) 밑줄 친 부분과 의미가 비슷한 것을 고르십시오.

　　① 더욱　　　　　② 겨우　　　　　③ 갑자기　　　　④ 드디어

(3) ( ㅁ )에 들어갈 내용으로 가장 알맞은 것을 고르십시오.

　　① 그러면　　　　② 그래서　　　　③ 그러나　　　　④ 그러므로

(4) 위 글에서 <보기>의 문장이 들어가기에 가장 알맞은 곳을 고르십시오.

――――――――〈보기〉――――――――

슐리만은 돈을 많이 벌어 가지고 그리스 신화에서 전쟁이 일어났던 트로이로 날아가 발굴을 하기 시작했다.

　　① ㄱ　　　　　② ㄴ　　　　　③ ㄷ　　　　　④ ㄹ

(5) 위 글의 내용과 일치하면 ○, 일치하지 않으면 ×를 하십시오.

　　1) 슐리만은 어릴 때부터 그리스 신화를 좋아했지만 그것을 사실로 믿지 않았
　　　다. (　　)

　　2) 슐리만은 사람들의 지지를 얻지 못해서 발굴 작업을 포기하고 말았다. (　　)

　　3) 슐리만은 고대 그리스 문명의 발상지를 발견했지만 다른 유적지를 찾아내
　　　지 못했다. (　　)

(6) 슐리만은 발굴 작업을 하는 과정에서 왜 많은 유적이 파손되었습니까?

_____

(7) 글쓴이가 위 글을 쓴 목적이 아닌 것을 고르십시오.

　　① 신화는 역사와 관련되어 있다는 것을 알려 주기 위해

　　② 어려움을 겪어도 끝까지 노력해야 한다는 것을 알려 주기 위해

　　③ 자신이 좋아하는 일에 믿음을 가져야 한다는 중요성을 알려 주기 위해

　　④ 전문 학자만이 유적을 발굴할 수 있다는 것을 알려 주기 위해

쓰기

1. 请根据图片内容，回答下列问题。

(1) 두 사람은 어떤 문제에 대해서 토론하고 있습니까?

　　문제: _____

(2) 두 사람은 각각 어떤 관점을 가지고 있습니까?

　　가은: _____

　　장빈: _____

(3) 여러분은 이 문제에 대해 어떻게 생각합니까? 자신의 관점과 이유를 쓰십시오.

　　관점: _____

　　이유: 1) _____

　　　　　2) _____

　　　　　3) _____

2. 请参考课文内容，完成张斌的日记。

> 　　요즘 학기 말이라서 기말시험을 준비하기 위해 정말 바쁘다. 어제 수업
> 이 끝나고 기숙사로 돌아가는 길에 _____. 가
> 은은 _____기 위해서
> 중국 신화에 대한 책을 많이 빌렸다. 나는 비과학적인 이야기를 별로 좋
> 아하지 않아서 신화에 대한 관심이 없었다. 사실 요즘 신화에 관한 리포
> 트를 하나 써야 하지만 _____. 리포
> 트 때문에 고민하고 있었는데 마침 오늘 수업 시간에 교수님이 신화에
> 대해 강의를 하셨다. 나는 _____
> _____가/이 궁금해서 교수님에게 질문을 했다. 교수님의 설명을
> 통해 나는 _____,
> _____를/을 배우게 되
> 었다. 그리고 신화 속의 신들은 초자연적인 능력을 가지고 있지만 _____
> _____를/을 새로 알
> 게 되었다. 오늘 수업을 통해 나는 신화에 대한 관심이 많이 생겼다. 내일
> 도서관에 가서 한국 신화에 관한 책을 찾아보고 리포트를 써야겠다.

3. 在你读过的神话故事里，你最喜欢的神话人物是谁？请参考下面的问题，以
   "我最喜欢的神话人物"为题写一篇作文。

> ✎ 가장 좋아하는 신화 속 인물은 누구입니까?
> ✎ 그 인물을 좋아하는 이유는 무엇입니까?
> ✎ 만약에 여러분이 그 인물이 된다면 가장 하고 싶은 일이 무엇입니까?

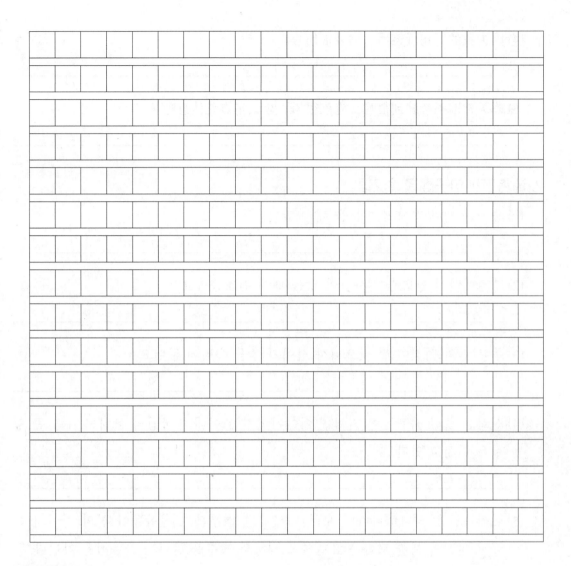

 번역

1. 请将下列句子翻译成韩国语。

(1) 我感觉好像在哪里见过他。

_____

(2) 神话中融入了中国的历史和文化，蕴含着中国人的思维方式。

_____

(3) 如果你对爱的人说了伤人的话，以后可能会后悔。

_____

(4) 因为我的一句玩笑话，书俊很伤心。

_____

(5) 昨天你准备考试到很晚，应该很累，今天早点儿休息吧。

_____

## 2. 请将下列句子翻译成汉语。

(1) 중기는 책마다 자기 이름을 써 놓았다.

_____

(2) 주말이라서 영화관에 사람이 많을 텐데 괜찮을까요?

_____

(3) 두 사람의 성격이 잘 맞으니까 사이가 좋을 수밖에 없어요.

_____

(4) 신화는 옛날 사람들이 지어낸 이야기이지만 현대 중국인의 삶에도 계속 큰 영
향을 미치고 있다.

_____

(5) 이야기들은 하나하나마다 모두 다르지만 대부분의 신화들이 신의 이야기 속
에서 인간의 생활 모습을 표현하고 지혜와 교훈을 준다는 공통점을 가진다.

_____

# 附 录

附录1　**听力文本**

## 제1과

1. (1) 가: 이번 학기에 한국 문화 수업을 들어요?

(2) 가: 요즘 너무 바빠서 영화를 볼 시간도 없네요.

(3) 가: 새 학기 목표가 뭐예요?

(4) 가: 가은 씨, 중국어를 너무 잘하네요. 비결이 뭐예요?

(5) 가: 장빈 씨 도움이 필요한데요. 오후에 시간 있으세요?

2. 왕나: 장빈 씨, 어디 가요?

장빈: 아, 왕나 씨, 저 지금 도서관에 가요. 한국 문화에 대한 책을 빌리려고요.

왕나: 한국 문화에 대한 책이요? 한국 문화 수업은 모레부터 시작하는데요.

장빈: 책을 빌려서 미리 읽어 보고 싶어서요.

왕나: 장빈 씨 진짜 열심히 하네요. 저도 새 학기에는 장빈 씨처럼 열심히 할 거예요.

장빈: 사실 저 지난 학기에 성적이 별로 좋지 않았어요. 그래서 이번 학기에는 시작부터 열심히 해서 좋은 성적을 받고 싶어요.

왕나: 장빈 씨, 우리 같이 한국 문화 책을 미리 읽으면서 예습하는 게 어때요?

장빈: 좋아요. 그럼 도서관에 같이 갈까요? 왕나 씨도 필요한 책들을 찾아봐요.

왕나: 그래요. 한 학기를 알차게 보내려면 시간 관리도 잘해야겠어요.

장빈: 맞아요. 앞으로 시간이 나면 같이 책도 읽고 운동도 해요.

## 제2과

1. (1) 가: 어머, 벌써 12시네요.

(2) 가: 다친 다리는 좀 어때요?

(3) 가: 요즘 너무 바빠서 방 정리를 못했어요.

(4) 가: 예전에도 사진 찍는 걸 좋아하셨어요?

(5) 가: 한국어 사전 좀 빌려주실 수 있어요? 집에 놓고 왔네요.

2. 가은: 중기 씨, 주말에 뭐 하세요?

중기: 과제가 있어서 도서관에 가야 할 것 같아요.

가은: 그래요? 주말에 왕나 씨, 장빈 씨와 같이 꽃 구경을 가기로 했어요. 중기 씨도 같이 가요.

중기: 저도 가고 싶은데 시간이 안 될 것 같아요. 과제가 많이 남았어요.

가은: 토요일 오전에 갈 거예요. 토요일 오후부터 과제를 하면 안 돼요? 제가 도와 드릴게요.

중기: 고마워요. 가은 씨. 그럼 같이 가요.

가은: 중기 씨도 같이 갈 수 있어서 너무 좋네요. 아무리 바빠도 여가 생활을 즐기면서 해야 돼요.

중기: 알겠어요. 가은 씨. 그럼 토요일에 봐요.

가은: 네, 주말에 봐요.

## 제3과

1. (1) 가: 여보세요, 양화 선생님 핸드폰인가요?

   (2) 가: 왕나 씨, 장빈 씨 핸드폰 번호가 어떻게 되나요?

   (3) 가: 여보세요, 장빈 씨, 박 교수님 사무실에 몇 시에 갈까요?

   (4) 가: 다음 주에 베이징으로 출장을 가요.

   (5) 가: 여보세요? 누구를 찾으세요?

2. 장빈: 여보세요? 왕나 씨, 저 장빈이에요.

   왕나: 아, 장빈 씨, 무슨 일로 전화했어요?

   장빈: 지난 주말에 꽃 구경 가서 찍은 사진을 보내 줄 수 있어요?

   왕나: 그럼요. 저녁에 기숙사에 가서 보내 드릴게요.

   장빈: 왕나 씨 지금 밖이에요? 오늘 저녁에 비가 온다고 해요.

   왕나: 그래요? 지금 가은 씨하고 저녁 먹으러 밖에 나왔어요. 저녁을 먹고 기숙사에 가려고요.

   장빈: 왕나 씨, 우산 있나요? 없으면 제가 우산을 갖고 갈게요.

   왕나: 저에게는 없고요. 가은 씨가 우산이 있다고 하네요. 고마워요, 장빈 씨.

   장빈: 그럼 이따 연락해요.

## 제4과

1. (1) 가: 영어 실력이 많이 늘었네요.

   (2) 가: 제품이 마음에 들어요?

   (3) 가: 내일 등산을 갈 거지요?

   (4) 가: 뭘 마실래요?

   (5) 가: 한국어를 배우는 데 뭐가 중요해요?

2. 가은: 장빈 씨, 한국 노래 들어 본 적이 있어요?

   장빈: 그럼요. 노래뿐만 아니라 한국 가수도 많이 알아요.

   가은: 언제부터 한국 노래를 듣기 시작했어요?

   장빈: 중학교 때 한국 가수의 공연을 봤어요. 그때부터 케이팝을 좋아했어요.

   가은: 혹시 케이팝은 언제부터 시작됐는지 알아요?

   장빈: 오래전부터인 것 같아요.

   가은: 네, 맞아요. 보도에 의하면 1900년대부터 한국의 가수들이 여러 나라에서 인
   기를 얻기 시작했다고 해요

   장빈: 가까운 일본, 중국에서뿐만 아니라 미국 등 많은 나라에서도 인기가 많아요.

## 제5과

1. (1) 가: 이번 한국 방문이 즐거웠어요?

   (2) 가: 쓰기 과제를 다음 주에 내도 될까요?

   (3) 가: 지난 주말에 가은 씨의 생일 파티에 왜 안 왔어요?

   (4) 가: 책을 왜 이렇게 많이 빌렸어요?

   (5) 가: 어떻게 하면 발표를 잘할 수 있어요?

2. 중기: 왕나 씨, 기분이 좋아 보이네요. 무슨 좋은 일이 있어요?

   왕나: 네, 사실은 저 오늘 유학 신청에 성공했다는 이메일을 받았어요.

   중기: 아, 그래요? 정말 좋겠어요. 신청을 하기 잘했어요.

   왕나: 고마워요. 이게 다 중기 씨가 도와준 덕분이에요.

   중기: 아니에요, 왕나 씨가 노력한 결과죠. 부모님께 알려 드렸어요?

   왕나: 아니요, 아까 어머니께 전화를 했는데 안 받으셨어요.

   중기: 아마 조금 후에 어머니께서 전화 주실 거예요.

   왕나: 네, 전화를 기다리는 동안 우리 같이 커피 마실까요? 제가 살게요.

## 제6과

1. (1) 가: 이게 웬 꽃이에요?

   (2) 가: 언니가 보내 준 케이크는 어디 갔어요?

   (3) 가: 오늘 수업을 안 했나요?

   (4) 가: 왜 여기서 공부하고 있어요?

   (5) 가: 주말인데 왜 쉬지 않고 공부하는 거예요?

2. 중기: 왕나 씨, 뭘 그렇게 열심히 보고 있어요?

   왕나: 인터넷 쇼핑몰에서 선물을 고르고 있어요. 아는 언니가 다음주에 대학원 입시를 보는데 작은 선물을 하려고요.

   중기: 아, 그래요? 한국에서는 시험에 꼭 합격하기를 바라는 마음에서 입시를 보는 사람에게 떡을 선물해요.

   왕나: 떡이요? 왜 떡을 선물해요?

   중기: 떡을 먹으면 떡처럼 시험에 잘 붙게 되겠지요?

   왕나: 하하, 참 재미있네요. 무슨 뜻인지 알 것 같아요. 그럼 저도 언니한테 떡을 선물할까요?

## 제7과

1. (1) 가: 그 마트에는 사람이 정말 많아요.

   (2) 가: 요즘 매일 아침 수영을 해요.

   (3) 가: 왜 수업에 지각했어요?

   (4) 가: 내일 친구들이 모여서 파티를 하려고 하는데 올 수 있지요?

   (5) 가: 이번 주말부터 같이 등산을 갈까요?

2. 왕나: 가은 씨, 왜 저녁을 안 먹어요?

   가은: 요즘 살이 많이 쪄서 저녁을 안 먹으려고요.

   왕나: 그래도 건강을 지키려면 굶지 마세요.

   가은: 그렇지만 이렇게 안 하면 살이 안 빠져요. 어떻게 하면 살을 뺄 수 있지요?

   왕나: 살을 빼기 위해서는 운동을 해야 돼요. 운동은 하고 있어요?

   가은: 아니요, 예전에는 조깅을 하거나 등산을 했어요. 그런데 지금은 학업을 쫓아가느라고 너무 바빠서 못 해요.

왕나: 그럼 기숙사에서도 쉽게 할 수 있는 운동을 해 보세요. 요가 어때요?

가은: 요가가 좋을 것 같아요. 그런데 배워 본 적이 없어요.

왕나: 그럼 내가 가르쳐 줄게요. 내일부터 요가를 같이 할까요?

가은: 저야 좋지요. 고마워요, 왕나 씨.

## 제8과

1. (1) 가: 피부가 아주 좋아 보이시네요.

(2) 가: 이 이야기를 들어 본 적이 있어요?

(3) 가: 제가 항공권을 예약할 테니까 장빈 씨는 호텔을 알아보세요.

(4) 가: 이 문제가 참 쉽네요.

(5) 가: 장학생은 어떻게 선출되나요?

2. 직원: 안녕하세요? 신세호텔입니다. 무엇을 도와드릴까요?

왕나: 안녕하세요? 호텔을 예약하고 싶은데요.

직원: 언제 도착하실 거예요?

왕나: 11월 15일에 가서 20일에 돌아올 예정이에요.

직원: 네, 그럼 어떤 방으로 예약해 드릴까요? 1인실과 2인실이 있습니다.

왕나: 2인실로 해 주세요.

직원: 햇빛이 잘 들어오는 방과 잘 안 들어오는 방이 있습니다. 햇빛이 잘 들어오
는 방이 조금 더 비쌉니다.

왕나: 햇빛이 잘 들어오는 방으로 해 주세요.

직원: 방은 한 개만 필요하신가요?

왕나: 네, 한 개만 예약해 주세요.

직원: 예약하신 분의 성함과 연락처를 말씀해 주세요.

왕나: 저는 왕나라고 합니다. 핸드폰 번호는 15012348907입니다.

직원: 네, 예약됐습니다. 혹시 일정이 바뀌시면 언제든지 연락 주십시오.

왕나: 네, 감사합니다.

## 제9과

1. (1) 가: 아르바이트 많이 해 봤어요?

(2) 가: 왜 갑자기 아르바이트를 시작했어요?

(3) 가: 장빈 씨같이 착실하고 똑똑한 학생이 있어서 선생님들 정말 좋으시겠어요.

(4) 가: 여기 노트북들은 모두 비슷해 보이는데 가격이 다 다르네요.

(5) 가: 해 보고 싶은데 제가 잘할 수 있을지 모르겠어요.

2. 여자: 안녕하세요? 인터넷에서 구인 광고를 보고 왔는데요. 아직도 아르바이트생을 구하세요?

남자: 네, 이쪽으로 오세요. 식당에서 일한 적이 있어요?

여자: 예전에 학교 안에 있는 카페에서 3개월 정도 아르바이트를 해 본 경험이 있습니다.

남자: 왜 3개월만 하셨어요?

여자: 그때 기말시험이 있어서 아르바이트를 계속하기가 좀 어려웠어요.

남자: 그러시군요. 우리 식당은 한국인 손님보다 중국인 손님이 더 많은 편이에요. 그래서 중국어를 잘하면 좋겠는데요.

여자: 네, 저 베이징에 온 지 3년이 됐어요. 그리고 지금 대학에서 중국어를 전공하고 있습니다.

남자: 그럼 중국어 엄청 잘하겠네요. 일하는 날은 금, 토, 일 총 3일이고, 시간은 오후 4시 반부터 밤 10시까지입니다. 할 수 있겠어요?

여자: 네, 시간은 괜찮습니다. 남자, 급여가 어떻게 되는지 혹시 물어봐도 될까요?

남자: 한 시간에 60위안입니다. 그리고 저녁 식사를 제공해요. 다음 주부터 나올 수 있을까요?

여자: 네, 다음 주 금요일부터 일할 수 있습니다. 오늘부터 여름 방학이거든요.

남자: 네, 알겠습니다. 그럼 4시 반까지 오면 돼요.

## 제10과

1. (1) 가: 고래의 배에서 플라스틱 일회용품뿐만 아니라 비닐봉지도 나왔다고 해요.

(2) 가: 친구가 어쩌다 그런 병에 걸려 버렸죠?

(3) 가: 장빈 씨, 무슨 좋은 일 있나요? 아까부터 싱글벙글하네요.

(4) 가: 장빈 씨가 장빈 씨 아버지하고 점점 더 비슷해지는 것 같아요.

(5) 가: 제 노트북을 인터넷에서 팔려고 했는데 찾는 사람이 없네요.

2. 가은: 장빈 씨, 왕나 씨, 곧 여름 방학인데 계획들 세웠어요?

왕나: 학과에서 농촌 봉사 활동을 갈 예정이에요.

가은: 무슨 봉사요? 혹시 지난 방학 때처럼 농촌 가정을 방문하여 아이들을 가르치려고요?

왕나: 아니요, 이번에는 환경 보호 운동을 할 거예요. 농촌의 여기저기에는 썩지 않는 비닐봉지들이 토양을 오염시키고 있고, 흐르는 물에는 생활 쓰레기가, 산에는 플라스틱 병이 보이는데 모두 환경에 좋지 않아요.

장빈: 이제 농촌의 생활 수준도 도시와 다름없고 생활 필수품도 똑같이 쓰잖아요. 그렇지만 도시처럼 재활용품 분리수거를 하지는 않고 있어요.

가은: 그럼 농촌에서는 쓰레기를 주로 어떻게 처리하는데요?

장빈: 주로 두 가지 방법으로 처리하는 것 같아요. 아무 생각 없이 버리거나 불에 태워 버려요.

가은: 비닐봉지나 플라스틱 병을 그냥 태우면 그 안에 있는 해로운 성분이 공기로 날아가요. 눈에 안 보이니까 아무 문제가 없을 거라고 생각해서는 안 되는데요.

왕나: 맞아요, 그 공기를 너 나 할 것 없이 다 마시고 있는 거지요. 농촌 사람들도 이제는 환경 보호 의식을 가져야 해요.

장빈: 이번 방학에 농촌을 다니면서 환경 보호 의식부터 심어 주고 쓰레기 분리수거도 가르쳐 주고 나서 돌아오려고요.

왕나: 분리수거 방법을 가르쳐 줄 뿐만 아니라 다니면서 주민들에게 쓰레기를 수거하는 모습도 직접 보여 주려고요.

## 제11과

1. (1) 가: 사람들이 왜 그 선수는 스포츠 정신이 부족하다고 말하죠?

(2) 가: 우리 팀이 어쩌다 이번 경기를 져 버렸죠?

(3) 가: 미츠코 씨, 무슨 안 좋은 일 있나요? 기분이 안 좋아 보여요.

(4) 가: 내일 공과대학하고 농구 경기가 있는데 꼭 이기고 말겠어요.

(5) 가: 소은 씨는 왜 이번 시합에 안 나가요?

2.  여러분, 오늘 제가 여러분에게 하고 싶은 말이 있습니다. 최고가 되는 것이 아니

라 최선을 다하는 사람이 되십시오. 최고의 자리에 올라가지 못해도 그 때 자신이 처한 위치에서 최선을 다하는 선수가 정말 훌륭하고 멋진 선수입니다. 그러니 여러분 모두 맡은 역할에 최선을 다하는 선수가 되기 바랍니다.

경기는 상대방과의 싸움이 아니라 자기 자신과의 싸움입니다. 장시간 경기를 하면 다치거나 체력이 다 떨어져서 중간에 경기를 멈추고 싶기도 할 것입니다. 그렇지만 그래서는 안 됩니다. 혹시 골을 못 넣어도 끝까지 싸워야 합니다. 당연히, 이기는 것이 절대적으로 불가능하다고 생각될 때도 있을 것입니다. 그래도 멈추지 말고 경기에 집중하고 자기의 역할을 다해야 합니다. 골을 먹고 질 것이 뻔해도 끝까지 뛰어야 합니다.

오늘 경기가 이 서울 올림픽 경기장에 있는 사람들의 기억에 남을 가장 감동적이고 멋진 경기가 될 수 있기를 바랍니다.

## 제12과

1. (1) 가: 똑똑 전화가 뭔지 알아요?

   (2) 가: 집에 가는 길에 뭘 샀어요?

   (3) 가: 누구랑 같이 도서관에서 공부했어요?

   (4) 가: 다음 달에 여행 가려고 하는데 무엇부터 준비해야 하나요?

   (5) 가: 어제 집으로 전화했는데 아무도 안 받았어요. 어디 갔었어요?

2. 가은: 중기 씨, 스마트폰으로 과제를 제출하려고 했는데 잘 안되네요. 어떻게 하는지 좀 가르쳐 줄래요?

   중기: 저도 스마트폰으로 과제를 제출한 적이 없는데 어떡하죠?

   가은: 요즘 다들 스마트폰으로 과제를 하고 제출하잖아요. 중기 씨는 스마트폰을 자주 사용하지 않나 봐요.

   중기: 저는 스마트폰을 사용하기는 하지만 다른 친구들처럼 모든 일을 스마트폰으로 하고 싶지는 않아요. 쇼핑하고 결제하거나 한국어 듣기 공부를 할 때만 스마트폰으로 해요.

   가은: 그렇군요. 저는 스마트폰이 없으면 아무 일도 못해 답답해 죽을 것 같아요.

   중기: 요즘 많은 사람들이 스마트폰을 너무 많이 사용해서 스마트폰 중독이라고 해요. 그래서 저는 스마트폰을 가능한 한 사용 안 하려고요.

가은: 정말요? 저는 스마트폰을 너무 많이 사용하는 것 같아요. 밥을 먹을 때도 스마트폰으로 드라마를 보면서 먹거든요. 저도 중기 씨처럼 스마트폰 사용을 줄여야겠네요.

## 제13과

1. (1) 가: 책을 반납해야 할 시간을 초과하면 어떻게 해야 해요?

   (2) 가: 빌리고 싶은 책이 학교 도서관에 없는 경우에는 보통 어떻게 해야 해요?

   (3) 가: 외국인이 한국 국회도서관에서 책을 빌리려면 어떻게 해야 해요?

   (4) 가: 내일 몇 시에 오라고 했어요?

   (5) 가: 도서관 홈페이지에서 책을 찾으려고 하는데 어떻게 해야 해요?

2. 왕나: 중기 씨, 어디 가요? 오늘 학생회 회의가 있는데 참석하지 않을 거예요?

   중기: 왕나 씨, 저 지금 도서관에 가는 길이에요. 빌린 책을 반납해야 해서요. 오늘이 반납 마감일이라서 반납하지 않으면 연체료를 내야 해요.

   왕나: 그렇군요. 그런데 중기 씨는 학생회 회원인데 회의에 안 가도 되나요? 책은 도서관 홈페이지에서 연장 신청을 하면 되잖아요.

   중기: 연장 신청을 하려면 도서관에 가서 해야 한다고 들었어요. 참, 학생회 회의는 몇 시에 시작해요?

   왕나: 오후 1시 반까지 오라고 했어요. 아직 30분이 남았네요. 중기 씨, 도서관에 빨리 갔다 오세요.

   중기: 네, 얼른 갔다 올게요. 나중에 회의실에서 봐요. 알려 줘서 고마워요.

## 제14과

1. (1) 가: 추석에 먹는 대표적인 음식이 뭐예요?

   (2) 가: 단오절에 하는 특별한 민속놀이가 있어요?

   (3) 가: 가은 씨, 설날 연휴 잘 보냈어요?

   (4) 가: 자료를 찾아 줘서 고마워. 오래 걸렸지?

   (5) 가: 시험으로 인한 스트레스가 많아서 잠이 잘 오지 않아요.

2. 은서: 조민 오빠, 뭐하고 있어요?

   조민: 한국으로 가는 비행기 티켓을 예약하고 있어. 다음 학기 교환 학생으로 한국

에 갈 거야.

은서: 정말요? 오빠, 예전에 한국에 가 본 적이 있어요?

조민: 아니, 이번에 처음이야. 참, 한국에 있는 동안 가 볼 만한 데 좀 추천해 줘.

은서: 가 볼 만한 곳이요? 박물관 같은 데 좋아한다 그랬지요?

조민: 맞아, 난 한국의 역사와 전통문화에 관심이 많아.

은서: 그럼 국립민속박물관에 한번 가 보세요. 바로 경복궁 옆에 있거든요. 가는 김에 경복궁도 같이 구경하면 되겠네요.

조민: 국립민속박물관? 어디서 많이 들어 봤던 것 같은데. 아주 유명한 곳인가 봐.

은서: 거기는 한국 사람들의 전통 생활 문화를 느끼고 체험할 수 있는 곳이에요. 박물관 안에서 다양한 전시를 볼 수 있어요. 밖으로 나오면 한국의 옛날 모습을 담은 추억의 거리가 있는데, 볼거리가 아주 많고 산책하기도 참 좋아요.

조민: 입장료가 많이 비싸?

은서: 아니요, 경복궁은 입장료를 내야 하지만 국립민속박물관은 일 년 내내 무료로 관람할 수 있어요.

조민: 좋은 정보 고마워. 서울에 도착하자마자 바로 가 봐야겠어.

# 제15과

1. (1) 가: 헬스장에 자주 갑니까?

 (2) 가: 벌써 두 시 반이에요. 열차가 곧 출발할 텐데 어떡하죠?

 (3) 가: 역사적 사실도 아닌 신화를 왜 공부해야 해요?

 (4) 가: 이 정도 성적으로 장학금을 받을 수 있을까요?

 (5) 가: 신화 속에 나오는 신들은 어떤 특징을 가지고 있어요?

2. 왕나: 중기 선배, 수업이 있었어요?

 중기: 왕나야, 오랜만이다. 수업은 없었는데 방금 특강을 들었어.

 왕나: 어떤 특강이었어요?

 중기: 중국 신화와 관련된 특강인데 정말 재미있었어. 예전에는 신화를 비과학적인 이야기라고 생각해서 별로 관심이 없었는데, 이번 특강은 신화에 대해 다시 한번 생각해 볼 수 있는 기회를 주었어.

 왕나: 그렇군요. 저는 신화를 읽는 것을 아주 좋아해요. 초등학교 때 아빠가 중국

신화에 관한 책을 사 주신 적이 있었는데, 그때부터 신화에 대한 관심이 많이 생겼어요.

중기: 아까 특강에서 교수님이 반고개천 등 다양한 중국 신화를 소개해 주셨어. 신화를 통해 중국의 역사와 문화도 배울 수 있을 것 같아.

왕나: 맞아요. 저도 그리스 로마 신화를 읽은 후에 서양 문화에 대해 더 깊이 있게 알게 되었어요. 그리고 신화를 읽을 때마다 옛날 사람들의 상상력이 정말 풍부하다는 생각이 많이 들어요.

중기: 신화의 세계가 참 매력적이야. 왕나야, 중국 신화에 관한 좋은 책을 좀 추천해 줘.

왕나: 알겠어요. 선배, 혹시 이따 약속이 있어요? 없으면 같이 서점에 가서 책 좀 찾아볼까요?

중기: 좋아. 그럼 저녁을 같이 먹고 서점에 가자. 내가 맛있는 거 사 줄게.

왕나: 네, 선배. 고마워요.

제1과  **벌써 개강이네요**

## 📖 어휘와 문법

1. (1) 진로 (2) 상담하다 (3) 꿈 (4) 지내다
(5) 중요하다 (6) 진행하다 (7) 물어보다 (8) 실력
(9) 결심 (10) 입학하다 (11) 학점 (12) 서로

2. (1) ② (2) ③ (3) ① (4) ④ (5) ②

3. (1) 특별한 (2) 모시고 (3) 찾아봤지만/찾아봤는데
(4) 자연스럽게 (5) 참여하려면 (6) 개최하기
(7) 들으면서 (8) 통화한 (9) 상담하러 (10) 확인해야

4. (1) ② (2) ③ (3) ④ (4) ② (5) ①
(6) ② (7) ④ (8) ① (9) ② (10) ④

5. (1) 배우면서 (2) 걸으면서 (3) 읽으면서 (4) 여행하면서 (5) 불면서

6. (1) 잘하려면 (2) 참가하려면 (3) 이루려면 (4) 살려면 (5) 받으려면

7. (1) 출발하기 전에 미리 전화를 주세요.

(2) 이번 학기에 한국 역사 수업은 없는데요.

(3) 고등학교를 졸업한 지 벌써 1년이 지났다.

(4) 오늘처럼 따뜻한 날에는 야외 운동을 하는 것이 좋아요.

(5) 한 학기 동안 동아리 활동을 하면서 알차게 보냈다.

8. (1) 구하려면 (2) 취직하기 전에 (3) 온 지 (4) 되면 (5) 식사하면서

## 🎧 듣기

1. (1) ① (2) ③ (3) ② (4) ④ (5) ②

2. (1) ② (2) ③

(3) 장빈 씨와 왕나 씨는 앞으로 시간이 나면 같이 책도 읽고 운동도 하려고 합니다.

## 🗣 읽기

1. (1) ②　　(2) ①　　(3) ④

2. (1) ②　　(2) ③　　(3) 1) ×　2) ○　3) ○　4) ×

(4) 스트레스를 받지 않고 건강하게 직장 생활을 하려고 합니다.

## 📖 쓰기

1. (1) 왕나 씨는 지난 학기에 강의를 6과목 들었습니다.

(2) 대학 영어, 한국 개황, 초급 한국어1, 정치 과목은 90점 이상이고 초급 한국어 듣기와 말하기1, 초급 한국어 읽기와 쓰기1은 80~90점이었습니다.

(3) 이번 학기에는 한국 개황이 없고 한국 문화가 있습니다.

(4) 이번 학기 학기말 성적 목표는 모든 과목을 90점 이상 받는 것입니다.

(5) 略

2. 열렸다, 한국어로, 많이 늘었다, 배운, 복습했다, 보면서, 대사를 따라 했다, 모르는, 찾아보고, 않은, 친구에게, 자연스러워서

3. 略

## 💬 번역

1. (1) 처음에 저는 낫 놓고 기역 자도 몰랐는데 지금은 한국어로 편지를 쓸 수 있습니다.

(2) 자막 없이 한국 드라마를 볼 수 있어요?

(3) 한국어를 잘 배우려면 한국 전통문화를 잘 알아야 한다.

(4) 개강하기 전에 새 학기 공부 계획을 세웠다.

(5) 자원봉사 활동을 시작한 지 벌써 2년이 되었다.

2. (1) 我也想和学长一样，研究生毕业之后成为大学老师。

(2) 去博物馆需要坐地铁几号线？

(3) 张斌用韩国语主持了大会。

(4) 我一边听教授的讲座，一边认真地做了笔记。

(5) 我要吸取上学期的教训，这学期积极参加各项活动。

## 제2과   시간이 있을 때 뭐 해요?

### 📖 어휘와 문법

1. (1) 여가　　　　　(2) 관람하다　　　(3) 일하다　　　　(4) 혼자

　(5) 작년　　　　　(6) 잊어버리다　　(7) 가수　　　　　(8) 예약하다

　(9) 전시회　　　　(10) 유명하다　　　(11) 미술관　　　(12) 지난달

2. (1) ②　　(2) ①　　(3) ③　　(4) ①　　(5) ④

3. (1) 도착하기　　　(2) 입장하고　　　(3) 더운　　　　　(4) 쉬우니까

　(5) 등산하기로　　(6) 잘되기　　　　(7) 서둘러/서둘러서

　(8) 담그는　　　　(9) 실패했지만　　(10) 비슷합니다/비슷해요

4. (1) ②　　(2) ①　　(3) ②　　(4) ③　　(5) ④

　(6) ④　　(7) ①　　(8) ③　　(9) ②　　(10) ④

5. (1) 편한 것　　(2) 걱정할 것　　(3) 듣는 것　　(4) 오른 것　　(5) 만드는 것

6. (1) 길도 막히고 시간도 없으니까

　(2) 내일 말하기 시험이 있으니까

　(3) 다음 주에 여행을 떠나니까

　(4) 디자인이 다양하니까

　(5) 다음 달에 유명한 콘서트가 있으니까

7. (1) 다음 주말에 친구와 같이 영화를 보기로 했다.

　(2) 날씨가 추우니까 따뜻한 찌개를 먹읍시다.

　(3) 저는 틈이 날 때 애니메이션 전시회를 보러 가요.

　(4) 요즘 탁구 동호회에 가입하여 일주일에 두 번씩 탁구를 치고 있다.

　(5) 공연을 혼자 보기 싫어서/혼자 공연을 보기 싫어서 친구에게 연락했다.

8. (1) 배드민턴을 치기도 하고 여행을 가기도 해요/합니다　　(2) 연락할게요

　(3) 듣기 좋은　　(4) 그림을 보는 것　　(5) 여행을 가기로 했어요/했습니다

## 🎧 듣기

1. (1) ②　　　(2) ③　　　(3) ②　　　(4) ④　　　(5) ①

2. (1) ③　　　(2) ④

　　(3) 중기 씨는 토요일 오전에 가은 씨, 왕나 씨, 장빈 씨와 같이 꽃 구경을 갈 겁니다.

## 🗣 읽기

1. (1) ②　　　(2) ④　　　(3) ②

2. (1) ②　　　(2) ④　　　(3) 1) ✕　　2) ○　　3) ✕　　4) ○

　　(4) 글쓴이는 사진 동아리에서 카메라 사용 방법과 사진을 찍는 방법을 배웠습니다.

## 📒 쓰기

1. (1) 대학생들이 여가를 주로 함께 지내는 대상은 가까운 친구입니다.

　　(2) 대학생들이 일주일에 여가에 쓰는 평균 시간은 5.3시간입니다. 22~25세
　　　　대학생들이 여가에 시간을 제일 많이 씁니다.

　　(3) 대학생들이 일주일에 여가에 쓰는 평균 비용은 54,214원입니다. 18~21세
　　　　대학생들이 여가에 쓰는 비용이 제일 적습니다.

　　(4) 略

2. 얻었다, 공연을 보러, 시작하니까, 검색해 보니까, 근처에 있는, 애니메이션 전시
　　회가, 관람하고, 가기로 했다, '꿩 먹고 알 먹기'

3. 略

## 💬 번역

1. (1) 40대와 50대 사람들이 제일 좋아하는 여가 활동은 운동이다.

　　(2) 저는 주말에 운전 학원에 가서 운전을 배우고 있어요/배워요.

　　(3) 내일 오후 배구 동호회에서 배구 시합을 하는데 같이 갈래요?

　　(4) 왕나 씨는 저의 친한 친구이기도 하고 저의 중국어 선생님이기도 합니다.

　　(5) 사과를 먹기 좋게 잘랐어요.

2. (1) 我打算利用假期的时间来读一读平常没空读的书。

   (2) 有没有刚学韩国语没多久的学生读起来比较简单的书?

   (3) 我在闲暇时喜欢与朋友聊天。

   (4) 去晚了就没位置了，所以得提前预约。

   (5) 我周末和室友一起做各种各样的美食吃，还一起看韩剧。

---

## 제3과    전화를 잘못 거셨습니다

### 어휘와 문법

1. (1) 용건　　　　　(2) 목소리　　　　　(3) 공공장소　　　　(4) 교양

   (5) 주의하다　　　(6) 바꾸다　　　　　(7) 기회가 되다　　(8) 끊다

   (9) 출장　　　　　(10) 상대방　　　　(11) 잠깐　　　　　(12) 잃어버리다

2. (1) ②　　　(2) ①　　　(3) ①　　　(4) ④　　　(5) ③

3. (1) 깨끗하며　　　　　　　　　(2) 예방한다고 해요

   (3) 졸업한　　　　　　　　　　(4) 끓을 때

   (5) 설정하는 것이　　　　　　　(6) 남기고

   (7) 조심하세요/조심하십시오　　(8) 끝낼

   (9) 키우면　　　　　　　　　　(10) 발견한

4. (1) ②　　　(2) ②　　　(3) ④　　　(4) ③　　　(5) ①

   (6) ②　　　(7) ③　　　(8) ③　　　(9) ④　　　(10) ①

5. (1) 아픈가요　　(2) 사전인가요　　(3) 추운가요　　(4) 힘든가요　　(5) 있는가요

6. (1) 고장이 난다고 한다/합니다/해요

   (2) 논다고 한다/합니다/해요

   (3) 실력이 대단하다고 한다/합니다/해요

   (4) 시작했다고 한다/합니다/해요

   (5) 새로 온 학생이라고 한다/합니다/해요

7. (1) 가은 씨가 나간 뒤에 왕나 씨한테서 전화가 왔었어요.

   (2) 가은 씨에게 전화했는데 룸메이트가 전화를 받았다.

(3) 박 교수님께서 일보러 잠깐 나가셨다고 했다.

(4) 친구에게 전화해서 약속에 못 갈 것 같다고 했다.

(5) 공공장소에서는 떠들지 말며 통화도 가능한 짧게 해야 한다.

8. (1) 필요하며　　(2) 공연이라고 해요　　(3) 들은 다음　　(4) 아니고요

(5) 갔었는데

## 🎧 듣기

1. (1) ②　　　(2) ①　　　(3) ③　　　(4) ③　　　(5) ①

2. (1) ②　　　(2) ④

(3) 왕나 씨는 지금 가은 씨하고 저녁 먹으러 밖에 나갔어요.

## 🗣 읽기

1. (1) ③　　　(2) ④　　　(3) ③

2. (1) ③　　　(2) ②　　　(3) 1) ○　2) ○　3) ×　4) ×

(4) 마음이 따뜻한 기숙사 친구들이 있고 매일매일 부모님과 얼굴을 보면서 대화
　　를 나눌 수 있기 때문입니다.

## 📒 쓰기

1. (1) 담배를 피우지 말아야 합니다

(2) 뛰지 말아야 합니다

(3) 휴대폰을 사용하지 말아야 합니다

(4) 사진을 찍지 말아야 합니다

(5) 음식을 먹지 말아야 합니다

2. 받지 않아, 기숙사로 전화했다, 전화를 받았다, 책상 위에 두고, 나갔다고, 기회 되
　　면, 감사하다고, 끊었다, 전화가 왔었다고

3. 略

## 🗨 번역

1. (1) 프랑스에 유학 간 친구한테서 엽서가 왔습니다.

   (2) 저는 매주 한 번씩 부무님과 영상 통화를 합니다.

   (3) 앉아서 작업을 할 때 50분에 한 번씩 간단한 스트레칭을 해야 합니다.

   (4) 이 약은 하루에 세 번씩 식사를 한 후에 드셔야 합니다.

   (5) 중국어를 배우는 외국인이 해마다 많아지고 있다고 합니다.

2. (1) 我听说手机店这个周末有促销活动。

   (2) 在公共场所大声说话是失礼的行为。

   (3) 我去年也参加过问卷调查。

   (4) 下课后，王娜经常一边整理所学内容，一边复习。

   (5) 初次见面的时候，第一印象很重要，所以要注意遵守礼节。

## 제4과　케이팝을 좋아하세요?

## 📖 어휘와 문법

1. (1) 화가 나다　　　(2) 어둡다　　　(3) 한옥 마을　　　(4) 추천하다

   (5) 정리하다　　　(6) 그럼　　　　(7) 제출하다　　　(8) 박수를 치다

   (9) 한류　　　　　(10) 사이트　　　(11) 분석하다　　　(12) 결과

2. (1) ②　　(2) ④　　(3) ①　　(4) ②　　(5) ③

3. (1) 스파게티나　　　(2) 개발하는　　　　(3) 캠코더와/하고/랑　　(4) 소문에

   (5) 정리하기　　　　(6) 평일과/하고/이랑　(7) 어린이로　　　　　(8) 내려받는지

   (9) 추천해　　　　　(10) 솔직하게

4. (1) ④　　(2) ③　　(3) ①　　(4) ②　　(5) ③

   (6) ④　　(7) ②　　(8) ②　　(9) ②　　(10) ④

5. (1) 방문했는지　　(2) 중요한지　　(3) 개강하는지　　(4) 담그는지　　(5) 사이인지

6. (1) 숙제를 하는 데 두 시간이 걸렸다.

   (2) 비디오를 제작하는 데 3일이 걸렸다.

(3) 외국어를 배우는 데 연습이 많이 필요하다 .

(4) 비염을 예방하는 데 이 약이 가장 효과적이다.

(5) 감사의 마음을 표현하는 데 선물을 주는 것이 좋은 방법이다.

7. (1) 손뿐만 아니라 다리도 다쳤어요.

(2) 비자뿐만 아니라 여권도 없어요.

(3) 특강뿐만 아니라 수업도 못 들었어요.

(4) 학생증뿐만 아니라 신분증도 잃어버렸어요.

(5) 뮤직비디오뿐만 아니라 가사도 내려받았어요.

8. (1) 무엇이나     (2) 관광지로     (3) 알리는 데     (4) 친구하고/친구와/친구랑

(5) 조사에 의하면

## 🎧 듣기

1. (1) ③     (2) ①     (3) ④     (4) ②     (5) ③

2. (1) ②     (2) ③

(3) 케이팝은 일본, 중국, 미국 등 세계 여러 나라에서 인기가 많습니다.

## 👤 읽기

1. (1) ①     (2) ②

2. (1) ④     (2) 1) ×   2) ○   3) ×   4) ×

(3) 가은 씨는 걸어서 집에 돌아갔습니다. 11시쯤에 집에 도착했습니다.

## 📖 쓰기

1. (1) 하는 데 3시간이 걸렸다

(2) 하는 데 2시간이 걸렸다

(3) 읽는 데 일주일이 걸렸다

(4) 하는 데 하루가 걸렸다

(5) 배우는 데 1년이 걸렸다

2. 뮤직비디오를 만드는, 해야 할지, 대사나, 생각해 봐야, 이용해서, 빌려주겠, 제출

하기, 보여 주겠

3. 略

##  번역

1. (1) 요즘 한국 영화가 미국에서 인기를 얻기 시작했다.

(2) 인터넷에서 한국 노래하고 가사를 많이 찾아봤어요.

(3) 동대문시장에 어떻게 가는지 혹시 아세요?

(4) 설문 조사의 결과에 의하면 많은 한국어 학습자들이 케이팝을 즐기면서 한국어를 배운다고 한다.

(5) 음악뿐만 아니라 가사도 노래를 제작하는 데 중요하다.

2. (1) 我从上个月开始上烹饪培训班了。

(2) 我要整理下周的课堂发言材料，但不知道如何着手。

(3) 如果有不会的韩国语发音或语法，我会向佳恩请教。

(4) 不仅韩国人很喜欢这位电影演员，日本人也很喜欢。

(5) 我花了4个小时做完了作业。

## 제5과　무슨 좋은 일이 있나요?

## 어휘와 문법

1. (1) 한턱내다　　(2) 소식　　　　(3) 보고　　　　(4) 스스로

(5) 떨리다　　　(6) 자신감　　　(7) 점수　　　　(8) 코트

(9) 다음날　　　(10) 어느새　　　(11) 잠자리에 들다　(12) 일기 예보

2. (1) ②　　(2) ①　　(3) ③　　(4) ④　　(5) ②

3. (1) 쌀쌀한　　　(2) 떨리곤　　　(3) 사라졌는데　　(4) 사장님께

(5) 바라보고　　(6) 도와준　　　(7) 긴장되는　　　(8) 우수한데

(9) 소심한　　　(10) 처리하는

4. (1) ④　　(2) ①　　(3) ②　　(4) ③　　(5) ②

(6) ①　　(7) ③　　(8) ②　　(9) ④　　(10) ③

5. (1) 미안한데     (2) 설명했는데     (3) 풀렸는데     (4) 어두운데     (5) 솔직한데

6. (1) 아빠가 일을 처리하는 동안 나는 조용히 기다렸다.

　(2) 선생님이 행사 일정을 설명하는 동안 장빈은 핸드폰만 보고 있었다.

　(3) 친구들이 시험을 보고 있는 동안 나는 책을 빌리러 도서관에 갔다.

　(4) 왕나가 발표를 하는 동안 중기는 사진을 많이 찍었다.

　(5) 룸메이트가 산책을 하는 동안 나는 낮잠을 잤다.

7. (1) 장빈 씨가 우리 학교에서/우리 학교에서 장빈 씨가 축구를 잘하는 편이다.

　(2) 이번 학기에는 발표를 많이 한 편이다.

　(3) 어젯밤에는 일찍 잠자리에 든 편이다.

　(4) 올해는 추위가 늦게 사라진 편이다.

　(5) 장빈 씨는 긴장이 잘 풀리는 편이다.

8. (1) 받은     (2) 할머니께     (3) 있는데     (4) 작은     (5) 없는

　(6) 공부하곤 해요

## 🎧 듣기

1. (1) ②     (2) ④     (3) ①     (4) ②     (5) ②

2. (1) ②     (2) ④

　(3) 아니요, 왕나 씨가 어머니께 전화를 했는데 어머니께서 전화를 안 받으셨습니다.

## 🗣 읽기

1. (1) ③     (2) ②

2. (1) ③     (2) 1) ×   2) ○   3) ×   4) ○

　(3) 선생님께 질문도 자주 하고 동아리 활동도 하며 운동도 합니다.

## 📖 쓰기

1. 발표가, 했는데, 실수할, 소심한, 앞에 서면, 연습을 많이 하면, 덜, 강의실로, 연습을, 가은 씨

2. 略

3. 略

### 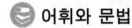 번역

1. (1) 선생님께서 잘 가르쳐 주신 덕분에 장학금을 받을 수 있었습니다.

   (2) 할머니께 생신 선물로 화장품을 사 드렸습니다.

   (3) 오늘 오후에는 시간이 있는데 저녁에는 동아리 활동을 해야 돼요.

   (4) 장빈 씨는 우리 반에서 키가 큰 편입니다.

   (5) 중기 씨가 게임을 하는 동안 룸메이트는 교수님께 이메일을 보냈습니다.

2. (1) 今天下雪天气很冷，还要去运动吗？

   (2) 我算是比较能吃辣的。

   (3) 爸爸准备饭菜的时候，弟弟（妹妹）买回来了饮料。

   (4) 上课之前，我们经常在空教室里练习口语。

   (5) 多亏了哥哥帮忙，问题顺利解决了。

---

## 제6과　뭘 선물하면 좋을지 모르겠어요

### 어휘와 문법

1. (1) 켜다　　　　(2) 손목시계　　　(3) 축하　　　　(4) 취직

   (5) 고민하다　　(6) 어젯밤　　　　(7) 조용하다　　(8) 시끄럽다

   (9) 오히려　　　(10) 정성　　　　(11) 공기　　　　(12) 부끄럽다

2. (1) ③　　(2) ①　　(3) ②　　(4) ④　　(5) ③

3. (1) 갈아입고　　　(2) 고민하다가　　(3) 쓰게　　　　(4) 켜

   (5) 아이들에게　　(6) 간직하게　　　(7) 죽음에　　　(8) 걸어

   (9) 교환하려고　　(10) 상대방한테/상대방에게

4. (1) ④　　(2) ①　　(3) ③　　(4) ②　　(5) ④

   (6) ②　　(7) ①　　(8) ③　　(9) ②　　(10) ①

5. (1) 얘기해 놓았다/놓았습니다/놓았어요

(2) 열어 놓으세요/놓으십시오

(3) 꽂아 놓았다/놓았습니다/놓았어요

(4) 켜 놓으세요/놓으십시오

(5) 걸어 놓았다/놓았습니다/놓았어요

6. (1) 회사에 가다가 사장님 전화를 받았다.

(2) 회의를 진행하다가 배가 아파서 화장실로 갔다.

(3) 연휴를 즐기다가 급한 일이 생겨서 회사로 돌아갔다.

(4) 일을 처리하다가 컴퓨터가 고장이 나서 일을 끝내지 못했다.

(5) 새로운 게임을 개발하다가 돈이 모자라서 포기했다.

7. (1) 여권을 신청하는 방법에 대해 알려 주세요.

(2) 대학 문화에 대한 논문을 쓰려고 해요.

(3) 다음 주의 발표에 대해 조언을 주시기 바랍니다.

(4) 중국 역사에 대한 강의를 듣기로 했어요.

(5) 취직 문제에 대해 좀 얘기하고 싶어요.

8. (1) 가다가　　　(2) 성적에 대해　　(3) 것으로

(4) 룸메이트한테　　(5) 좋아하게 됐어요　(6) 준비해 놓았어요

## 🎧 듣기

1. (1) ②　　(2) ④　　(3) ①　　(4) ①　　(5) ③

2. (1) ②　　(2) ③

(3) 한국에서는 입시를 보는 사람이 떡처럼 시험에 잘 붙기를 바라는 마음에서 떡을 선물합니다.

## 🧠 읽기

1. (1) ①　　(2) ④

2. (1) ②　　(2) 1) ○　2) ×　3) ×　4) ×

(3) 먼저 그 나라의 선물 문화를 알아보고 선물하는 것이 좋습니다.

## 📖 쓰기

1. 결혼한, 주려고, 살까, 고민하다가, 발음이, 의미하는, 똑같아서, 잘 안, 바꿔 오겠,
살으니까, 교환해

2. 略

3. 略

## 💬 번역

1. (1) 크리스마스 선물로 여자친구에게/한테 손목시계를 선물했습니다.

(2) 밤에 자기 전에 문을 꼭 닫아 놓아야 합니다.

(3) 오후에 기숙사에서 영화를 보다가 잠이 들었습니다.

(4) 선생님께서 학생들에게 한국 소설을 많이 읽게 하십니다.

(5) 이번 주말에 한국 드라마에 대한 논문을 써야 합니다.

2. (1) 我中午到家的时候，妈妈已经把饭做好了。

(2) 我正准备课上发言，接到电话就出去了。

(3) 我不太喜欢新买的围巾，想换一条。

(4) 在这里散步可以让你的身心都得到放松。

(5) 加入电影社团以后，我看到了很多优秀的电影。

---

### 제7과　건강이 제일 중요하잖아요

## 📚 어휘와 문법

1. (1) 체력　　　　(2) 튼튼하다　　　(3) 대출　　　　(4) 피부

(5) 살이 빠지다　(6) 경제　　　　(7) 열쇠　　　　(8) 중고차

(9) 해결하다　　(10) 선택하다　　(11) 침대　　　(12) 혼나다

2. (1) ②　　(2) ③　　(3) ①　　(4) ①　　(5) ④

3. (1) 푸는　　　　　　　　　　　(2) 쪘다/쪘습니다/쪘어요

(3) 새우면　　　　　　　　　　(4) 적응하는

(5) 빠진다/빠집니다/빠지네요/빠져요　　(6) 활기차게

(7) 뚫리는 것 같다/같습니다/같아요　　(8) 유지하기 위해/유지하려면

(9) 거르면　　　　　　　　　　　　(10) 날아간다/날아가요/날아갑니다

4. (1) ②　　(2) ③　　(3) ③　　(4) ①　　(5) ④

　 (6) ②　　(7) ①　　(8) ①　　(9) ④　　(10) ③

5. (1) 거를 정도로　　(2) 몰라볼 정도로　　(3) 미칠 정도로　　(4) 일어날 정도로

　 (5) 날아갈 정도로

6. (1) 단어의 뜻을 알고 나면 문장을 쉽게 이해할 수 있다.

　 (2) 지하철에서 내리고 나니 다른 역이었다.

　 (3) 그는 말을 하고 나서 춤을 추면서 노래를 불렀다.

　 (4) 운동을 하고 나면 식욕이 좋아질 것이다.

　 (5) 산책을 하고 나니/나서 기분이 많이 좋아졌다.

7. (1) 손님이 와서 언니는 밥을 준비하느라고 바쁘다.

　 (2) 사람들에게 있어서 가장 중요한 것은 마음이다.

　 (3) 중국의 식사 예절은 한국과 다른가 보다.

　 (4) 이 음식점은 1시간 이상을 기다려야 할 정도로 손님이 많다.

　 (5) 숙제를 하고 나서 친구들과 놀러 나갔다.

8. (1) 준비하느라고　　(2) 밤을 새울 정도로　　(3) 생겼나 봐요　　(4) 알고 나면

　 (5) 부르잖아요

## 🎧 듣기

1. (1) ①　　(2) ②　　(3) ③　　(4) ③　　(5) ④

2. (1) ③　　(2) ②

　 (3) 왕나 씨는 굶을 것이 아니라 운동을 해야 한다고 생각합니다.

　 (4) 조깅을 하거나 등산을 했습니다.

## 🗣 읽기

1. (1) ②　　(2) ③

2. (1) ①　　(2) 1) ○　2) ○　3) ×　4) ○

   (3) 한국인들은 건강을 챙기기 위해 몸에 좋은 여러 가지 음식과 보약을 먹습니다.

   (4) 略

## 📔 쓰기

1. (1) 손을 잘 씻고, 외출할 때 마스크를 써야 합니다. 그리고 자주 창문을 열어 환기 시키고 사람이 많은 곳에는 가능하면 가지 않는 것이 좋습니다.

   (2) 略

2. 맑고 신선한 공기, 우산을 준비해, 같이 가려고, 답이 없었다, 더 친하게 지내는 것 같다, 아침 조깅, 몰라볼 정도로 날씬해졌다, 체력도 강하고 피부도 좋다

3. 略

## 💬 번역

1. (1) 저 사람은 아는 것이 참 많아요. 책을 많이 읽었나 봐요.

   (2) 요즘 시험을 준비하느라고 밥을 먹을 시간이 없을 정도로 바빠요.

   (3) 가은 씨는 어렸을 때부터 착했잖아요.

   (4) 학생에게 있어서 가장 중요한 것이 무엇이라고 생각해요?

   (5) 이 소식을 듣고 나니 기분이 좋아졌어요.

2. (1) 吃完饭后开会吧。

   (2) 王娜在外语学习方面经验很丰富。

   (3) 做完瑜伽后一身的疲惫消失殆尽。

   (4) 怎么出来了？看来没有你想看的电影。

   (5) 别联系了，现在不是睡觉的时间嘛。

## 제8과   여행을 가고 싶은데요

### 🕮 어휘와 문법

1. (1) 항공권　　　　(2) 연락처　　　　(3) 천천히　　　　(4) 기대하다

　　(5) 어리다　　　　(6) 가운데　　　　(7) 올라가다　　　　(8) 규정

　　(9) 매력적　　　　(10) 추억　　　　(11) 예술　　　　(12) 결정하다

2. (1) ④　　(2) ②　　(3) ①　　(4) ①　　(5) ③

3. (1) 매력적인　　　　　　　　　(2) 문의하십시오/문의하세요

　　(3) 걸려 있는/걸린　　　　　　(4) 들어서

　　(5) 반했어요/반했습니다/반했다　　(6) 묵었어요/묵었습니다/묵었다

　　(7) 짜야 해요/짜야 합니다/짜야 한다　　(8) 닫혀 있어서/닫혀서

　　(9) 메고　　　　　　　　　　(10) 알아보면

4. (1) ①　　(2) ②　　(3) ④　　(4) ④　　(5) ①

　　(6) ③　　(7) ①　　(8) ②　　(9) ③　　(10) ④

5. (1) 인상적이군요　　(2) 재주군요　　(3) 이상하군요　　(4) 등재되었군요

　　(5) 기대하는군요

6. (1) 제가 저녁을 살 테니까 맛있게 드세요.

　　(2) 제가 찾아갈 테니까 거기서 기다려 주세요.

　　(3) 열심히 할 테니까 너무 걱정하지 마세요.

　　(4) 청소는 내가 할 테니까 가은 씨는 밥 좀 해 줘요.

　　(5) 내가 설명해 줄 테니까 잘 들으세요.

7. (1) 교수님의 집들이에 초대를 받은 적이 있다.

　　(2) 결과는 행동에 의해 만들어진다.

　　(3) 그의 잘못이 아니라는 것을 아무도 믿으려고 하지 않았다.

　　(4) 공연이 끝나고 불이 켜진 후에도 그는 계속 자리에 앉아 있었다.

　　(5) 그 남자 배우가 왜 인기가 있느냐 하면 잘생겼거든요.

8. (1) 하거든요　　(2) 이루어질 거야　　(3) 늦었군요　　(4) 다친 적이 있어요

　　(5) 누워 있는

## 🎧 듣기

1. (1) ④　　(2) ①　　(3) ②　　(4) ③　　(5) ②

2. (1) ②　　(2) ③

(3) 햇빛이 잘 들어오는 2인실을 예약했습니다.

## 🗣 읽기

1. (1) ④　　(2) ②

2. (1) ②　　(2) 1) ×　　2) ×　　3) ○　　4) ○

(3) 하회마을에서 전통 집도 구경하고 전통 놀이도 했어요. 저녁에는 지례마을의 민박 집에서 탈춤 공연도 보고 탈춤도 배웠어요.

(4) 略

## 📝 쓰기

1. 略

2. 어디로 가면 좋을지, 공기도 좋고 자연 경관도 멋진, 설악산과 제주도를, 가 본 적이 있다, 꿈도 못 꾸었다, 비용이 많이 안 드는, 문의부터 해 보라고 했다, 항공권과 숙소 예약을

3. 略

## 💬 번역

1. (1) 그런 말을 한 적이 있는 것 같은데 생각이 잘 안 나요.

(2) 신청 서류를 보내 줄 테니까 사장님께 전해 주세요.

(3) 공무원 시험에 합격했군요. 축하해요.

(4) 책가방에는 오늘 수업에 필요한 모든 것이 들어 있어요.

(5) 허가를 받지 않고 식품 영업을 하는 행위에 대해서는 법 규정에 의해 엄격하게 처리하겠다.

2. (1) 我去趟超市，你在家玩儿吧。

(2) 你看过电视剧《美好的时光》吗?

(3) 宿舍熄灯后，她偶尔也会开着手电筒看书。

(4) 我的体力很好，因为我每天都在学校运动场跑步。

(5) 思想通过语言来表达。

## 제9과　아르바이트를 해 볼 생각이 있어요?

### 어휘와 문법

1. (1) 재학생　　　　(2) 취업　　　　　(3) 보수　　　　　(4) 자원봉사자

(5) 학부모　　　　(6) 과외비　　　　(7) 찬성하다　　　(8) 무섭다

(9) 모집 광고　　　(10) 등록금을 마련하다

(11) 쓰레기를 버리다　　　　　　　(12) 과학 기술이 발전하다

2. (1) ③　　(2) ①　　(3) ②　　(4) ④　　(5) ②

3. (1) 착실하게　　　(2) 상관없다/상관없습니다/상관없어요

(3) 무서운　　　　(4) 고생하셨다/고생하셨습니다/고생하셨어요

(5) 나누어　　　　(6) 구입할

(7) 세고　　　　　(8) 심한

(9) 행동하지만　　(10) 일어서서

4. (1) ③　　(2) ④　　(3) ①　　(4) ④　　(5) ②

(6) ③　　(7) ①　　(8) ②　　(9) ②　　(10) ③

5. (1) 계절에 따라(서)

(2) 요일에 따라(서)

(3) 교통수단에 따라(서)

(4) 거리에 따라(서)

(5) 나라에 따라(서)

6. (1) 찹쌀떡을 먹기는 하지만/하는데 좋아하지 않는다.

(2) 운동을 열심히 하기는 하지만/하는데 살이 잘 빠지지 않는다.

(3) 어제 영화를 보고 싶기는 했지만/했는데 갑자기 급한 일이 생겨서 못 봤다.

(4) 전공으로 한국어를 배우기는 했지만/했는데 지금은 거의 다 잊어버려서 잘 못한다.

(5) 오늘 백화점에서 본 구두가 비싸기는 하지만/한데 디자인이 예뻐서 너무 사고 싶다.

7. (1) 저는 하루에 커피를 한 잔밖에 마시지 않아요.

(2) 제 동생이 좋은 사람을 만났으면 좋겠어요.

(3) 비가 와서 퇴근 시간에 길이 막히겠어요./퇴근 시간에 비가 와서 길이 막히겠어요.

(4) 우리 아버지는 마음이 바다같이 넓으세요.

(5) 저는 친구가 대학교에 합격했음을 몰랐어요.

8. (1) 쌓여 있어요      (2) 타겠어요          (3) 먹을 테니까

(4) 취직했으면 좋겠습니다          (5) 좋기는 하지만

## 🎧 듣기

1. (1) ②      (2) ①      (3) ②      (4) ④      (5) ③

2. (1) ②      (2) ①

(3) 여자는 그 전에 학교 안에 있는 카페에서 3개월 동안 아르바이트를 했습니다.

(4)

| 아르바이트 장소 | (식당) | |
|---|---|---|
| 일하는 시간 | (금, 토, 일) 총 3일, 오후 (4시 반)부터 (10시)까지 | |
| 급여 | (60위안)/1시간 | |

## 🧠 읽기

1. (1) ④      (2) ③      (3) ③

2. (1) ①      (2) ④      (3) ③      (4) ②      (5) 1) ×   2) ×   3) ○

(6) 수입을 높이기 위해 또는 일의 재미를 통해 생활의 활력을 얻기 위해서입니다

## 📖 쓰기

1. (1) 걸어서 배달 알바를 하고 있습니다./도보 배달 알바를 하고 있습니다.

(2) 원하는 시간에 원하는 곳에서 누구나 할 수 있습니다. 그리고 돈도 벌고 운동도 할 수 있어서 일석이조라고 할 수 있습니다.

(3) 온라인 한국어 과외를 하고 있습니다.

(4) 밖으로 나가지 않고 집에서 편하게 할 수 있는 장점을 가지고 있습니다. 그리고 과외비를 버는 동시에 한국어 교육 경험도 쌓을 수 있습니다.

(5) 略

2. 아르바이트 경험, 아르바이트를 한 경험이 있다고 대답했다, '등록금(32%)'때문이었음을 알 수 있다, '생활비를 벌고 싶어서'가 24%를 차지한다, '취업에 도움이 될 것 같아서', '유학 비용을 모으고 싶어서'라고 대답한 학생이 3%, 여행 비용을 마련하기 위해서 아르바이트를 시작했다고 대답했다, 자신의 미래를 준비하기 위해서 노력하는

3. 略

## 💬 번역

1. (1) 한국어와 관련이 있는 아르바이트를 찾을 수 있으면 좋겠습니다.

(2) 삼겹살 2인분만 시켰는데 양이 부족하겠지요?

(3) 그 사람을 알기는 하지만 별로 친하지는 않아요.

(4) 이 연구는 학생들의 한국어 듣기 시험 성적이 한국 드라마를 보는 시간과 관련이 있음을 증명했다.

(5) 영화의 상영 등급은 영화의 내용에 따라서 결정된다.

2. (1) 幸福不在于钱的多少。

(2) 虽然我看过那部电影，但过了太久记不太清了。

(3) 在上届学生会会长选举中，学生的投票率只有58%。

(4) 随着中国经济的发展，学习汉语的外国人也日益增多。

(5) 那位学长一次也没有迟到过，就像钟表一样准时。

## 제10과  일회용품 사용을 줄여야 돼요

### 📖 어휘와 문법

1. (1) 기사　　　　(2) 플라스틱　　　(3) 빨대　　　　(4) 견디다

   (5) 놓치다　　　(6) 절약하다　　　(7) 밑줄을 긋다　(8) 보다

   (9) 욕심을 내다　(10) 위협하다　　　(11) 최신형　　　(12) 건조하다

2. (1) ①　　(2) ②　　(3) ②　　(4) ③　　(5) ①

3. (1) 늙지 않는/안 늙는　　　　　　(2) 잃었을 때/잃으면

   (3) 가져야　　　　　　　　　　　(4) 오염시킬 뿐만 아니라

   (5) 지은　　　　　　　　　　　　(6) 불쌍해서

   (7) 활용하여　　　　　　　　　　(8) 놓쳤어요/놓쳐 버렸어요

   (9) 사귀게　　　　　　　　　　　(10) 챙겨

4. (1) ③　　(2) ①　　(3) ④　　(4) ③　　(5) ②

   (6) ②　　(7) ②　　(8) ②　　(9) ③　　(10) ④

5. (1) 읽어 가니까　(2) 일해 왔어요　(3) 죽어 가는데요　(4) 사귀어 온

   (5) 견뎌 왔잖아요

6. (1) 사장님께서 오셔야 이 문제가 해결될 수 있다.

   (2) 학점이 좋아야 교수님의 추천을 받을 수 있다.

   (3) 길이 많이 막혀서 지하철을 타야 빨리 도착할 수 있다.

   (4) 그 학생은 집안이 어려워서 아르바이트를 해야 등록금을 낼 수 있다.

   (5) 한 가지 일을 끝까지 열심히 해야 성공할 수 있다.

7. (1) 중국에서도 쓰레기를 분리해서 버리기 시작했다.

   (2) 공장을 많이 돌리지 않으면 공기가 깨끗해질 수 있다.

   (3) 자고 일어났는데 얼굴이 많이 부었어요.

   (4) 휴대폰 폐기물은 사람의 몸에 나쁜 영향을 준다.

   (5) 비닐봉지 한 장을 만들려면 많은 자원이 필요하다.

8. (1) 사 버렸어요　　　　　　　　(2) 받고 있어요

   (3) 진정시키세요　　　　　　　　(4) 가로막아서는 안 돼요

(5) 없어도 돼요

## 🎧 듣기

1. (1) ②　　(2) ①　　(3) ①　　(4) ④　　(5) ①

2. (1) ①　　(2) ②　　(3) 썩지 않는 비닐봉지입니다

(4) 환경 보호 의식을 심어 주고 쓰레기 분리수거 방법을 가르쳐 줄 뿐만 아니라 직접 보여 줄 것입니다.

## 🧑 읽기

1. (1) ③　　(2) ④　　(3) 재활용품　　(4) ③

2. (1) ④　　(2) 1) ○　2) ×　3) ○　4) ×　　(3) ③

(4) 일회용 컵, 빨대, 비닐봉지 등　　(5) ④

## 📖 쓰기

1. (1) 손님, 죄송하지만 저희 카페에서는 환경 보호를 위해서 일회용 컵을 제공하지 않습니다.

(2) 역시 환경 보호를 위해서 종이로 만든 빨대를 제공하고 있는데요. 괜찮으세요?

(3) 손님, 많이 불편하시죠? 그런데 우리가 아무 생각 없이 쓰고 버리는 플라스틱 쓰레기 때문에 환경이 오염되고 있는 걸 생각하면 플라스틱 사용을 적극적으로 줄이고 자원을 재활용하면 좋겠다는 생각이 듭니다.

2. 쓰레기 분리수거를 하, 재활용품 쓰레기, 음식물 쓰레기, 유해 쓰레기, 기타 쓰레기, 유해 쓰레기, 빨간 쓰레기통, 파란 쓰레기통, 음식물 쓰레기, 녹색 쓰레기통, 불편하고, 환경을 보호하, 쓰레기 분리수거, 관심을, 보다 깨끗하고 나은 세상을 만들어 갈 수 있습니다.

3. 略

## 📧 번역

1. (1) 장빈 씨는 보다 나은 대학 생활을 위해 열심히 공부하고 있습니다.

(2) 왕나 씨는 용돈을 몇 달 동안 절약해서 어머니께 생일 선물을 사 드렸습니다.

(3) 우리는 바빠서 자주 보지 못하고 어쩌다 한 번씩 만납니다.

(4) 몸이 아프면 모든 일이 귀찮습니다.

(5) 담배는 지정된 장소에서 피우시기 바랍니다.

2. (1) 工厂和汽车排放的废气污染了环境。

(2) 手机早已成为不可或缺的生活必需品。

(3) 济州岛不仅有汉拿山，还有大海，是个很好的旅游胜地。

(4) 近来，城市居民因废气和噪音承受着很大压力。/近来，废气和噪音给城市居民带来了很大的压力。

(5) 要想减少水污染，应该怎么做？

## 제11과 이번 경기는 어느 팀이 이길까?

### 어휘와 문법

1. (1) 연장전　(2) 후반전　(3) 소나기　(4) 선발하다
(5) 뻔하다　(6) 격려하다　(7) 갈수록 태산　(8) 당연히
(9) 골을 먹다　(10) 내기하다　(11) 발목　(12) 만만하다

2. (1) ②　(2) ④　(3) ②　(4) ③　(5) ①

3. (1) 이기고　(2) 떨어진다　(3) 아깝다　(4) 다한다
(5) 생각났다　(6) 멈췄다　(7) 망설인다　(8) 불가능하다
(9) 격려하려고　(10) 처한

4. (1) ①　(2) ②　(3) ②　(4) ①　(5) ③
(6) ①　(7) ④　(8) ③　(9) ③　(10) ③

5. (1) 부는 바람에　(2) 힘이 빠지는 바람에
(3) 시켜 주는 바람에　(4) 넣는 바람에
(5) 취소되는 바람에

6. (1) 학년이 올라갈수록 취직 걱정이 커진다.
(2) 외국에서 오래 살수록 고향이 그리워진다.

(3) 음식이 싸고 맛있을수록 손님이 붐빈다.

(4) 칭찬을 많이 들을수록 자신감을 얻게 된다.

(5) 긍정적으로 생각할수록 좋은 일이 생긴다.

7. (1) 우리 나이도 같은데 이제부터 말 놓기로 해.

(2) 이번 경기는 우리 팀이 이길 것이 뻔하다.

(3) 스포츠 정신은 하루아침에 생기지 않는다.

(4) 우리는 스포츠를 즐기면서 삶에 대한 교훈도 얻는다.

(5) 말만 하는 것이 아니라 행동하는 사람이 되어야 한다.

8. (1) 정전이 되는 바람에          (2) 보면 볼수록

(3) 경기를 통해서          (4) 이기는 것이 아니라

(5) 해로울 뿐만 아니라

## 🎧 듣기

1. (1) ①     (2) ③     (3) ①     (4) ③     (5) ④

2. (1) ④     (2) ①     (3) ③     (4) ③

## 📖 읽기

1. (1) ④     (2) 처음 올림픽은 하루 동안 열렸습니다.     (3) ④     (4) ③     (5) ②

2. (1) ④     (2) 1) ○   2) ×   3) ○   4) ×     (3) ③

(4) 인공 지능 시대를 거쳐 4차 산업 시대가 더욱 가까워지기 때문입니다.

(5) ④

## 📓 쓰기

1. (1) 중국 사람들은 스포츠에 관심이 많고 매우 적극적이다. 개인의 건강뿐만 아니라, 협동 정신을 기르기 위해서도 열심히 운동을 한다. 학교 수업에도 체육 과목이 있고 활동이 다채롭고 활발하다. 학교를 졸업하면 각종 스포츠 동호회에 가입하여 몸과 마음을 단련하기도 한다.

(2) 중국 사람들은 탁구와 농구에 대한 열기가 대단하다. 탁구와 농구는 중국 사람

들에게 있어서 생활 체육이나 마찬가지이다. 특히 탁구와 농구는 실력이 뛰어나 국내뿐만 아니라 해외에서 활동하는 선수도 있다. 그들은 사람들에게서 큰 환영을 받고 있다.

(3) 축구와 야구 경기는 봄부터 가을까지 주로 열리는데, 농구와 배구는 겨울철에도 실내 스포츠로 인기가 많다. 각 경기장을 찾아가면 관중들의 열기에 정말 놀라게 된다.

(4) 중국인들의 활발한 스포츠 활동 덕분에 2008년에는 베이징 하계올림픽 개최에 성공하였고, 2022년에는 동계올림픽도 치르게 되었다.

2. (1) 한국의 전통 스포츠, 로 많이 알려져 있습니다, 스포츠로서, 공격하는 것이 아니라

(2) 올림픽을 통해서, 봤는데, 인상적이, 배우기로 했습니다

(3) 튼튼해질 뿐만 아니라, 보호할 수 있으니까, 집중하는 데에 도움이 됩니다.

3. 略

## 💬 번역

1. (1) 스포츠 정신은 자기를 단련하고 자신을 이기는 정신이다.

(2) 나는 어렸을 때부터 운동에 관심이 없어서 학교에서 체육 대회를 하면 자리에 앉아서 구경만 했다.

(3) 나는 축구를 싫어하지는 않지만 체력도 안 되고 경기에 참가할 용기도 없다.

(4) 경기를 보고 있는데 갑자기 유학생 사무실에서 전화가 오는 바람에 제대로 보지 못했다.

(5) 선수가 경기에서 끝까지 최선을 다해 싸우는 모습은 메달보다 가치 있는 것이다.

2. (1) 家里突然有事，我可能参加不了篮球比赛了。

(2) 我认为体育比赛不是为了战胜谁，而是与自己的一种较量。

(3) 工学院前半场打得（踢得）不怎么好，后来是怎么获胜的呢？

(4) 弟弟（妹妹）犹豫了一个星期，最后还是买了新的笔记本电脑。

(5) 我觉得张斌是一个越看越招人喜欢的朋友。

## 제12과　스마트폰으로 주로 뭘 해?

### 어휘와 문법

1. (1) 알아맞히다　　(2) 깔다　　　　(3) 갤러리　　　(4) 요구르트

　 (5) 식물원　　　　(6) 와이파이　　(7) 비밀번호　　(8) 심심하다

　 (9) 부작용　　　　(10) 성숙하다　　(11) 품질　　　(12) 도시락

2. (1) ①　　(2) ②　　(3) ①　　(4) ③　　(5) ①

3. (1) 과언　　　　　　(2) 손쉽게　　　　(3) 모바일 데이터를

　 (4) 인터넷 몰　　　(5) 답답해/답답해서 (6) 다듬었다　　(7) 갖추어서

　 (8) 소용없는　　　(9) 부정적　　　　(10) 끊임없이

4. (1) ②　　(2) ①　　(3) ①　　(4) ③　　(5) ①

　 (6) ④　　(7) ②　　(8) ②　　(9) ①　　(10) ②

5. (1) 지금으로부터　　(2) 노트북에 대한　　(3) 더워 죽을　　(4) 지난 학기에 비해

　 (5) 있겠니

6. (1) 집에 들어가는 길에

　 (2) 백화점에 가는 길에

　 (3) 학교에 가는 길에

　 (4) 오는 길에

　 (5) 벚꽃을 구경하러 가는 길

7. (1) 가격이 비싼 상품에 비해 품질이 좋고 가격이 싼 것이 더 인기가 많다.

　 (2) 급한 일이 있어서 집으로 전화했는데 아무도 없는 것 같았다.

　 (3) 외국어를 배울 때 먼저 발음부터 시작해야 한다.

　 (4) 혼자 운동하면 좀 힘들어서 친구들이랑 같이 하는 것이 좋다.

　 (5) 건강한 식사 습관의 중요성에 관해 사람마다 생각이 다르다.

### 듣기

1. (1) ②　　(2) ③　　(3) ①　　(4) ②　　(5) ①

2. (1) ③　　(2) ①

(3) 스마트폰을 너무 많이 사용하면 중독이 될 수 있기 때문에 스마트폰을 자주 사용하지 않습니다.

(4) 가은 씨는 스마트폰이 없으면 답답해 죽을 것 같고 밥을 먹을 때도 스마트폰으로 드라마를 보면서 먹습니다.

## 🗣 읽기

1. (1) ①　　(2) ④

2. (1) ②　　(2) 1)×　2)○　3)×　4)×　　(3) ④　　(4) ③

(5) 스마트폰으로 인터넷 검색을 하는 것을 줄이고 독서와 운동 등 정신과 몸에 좋은 취미 생활을 하는 것이 좋습니다.

## 📝 쓰기

1. 略

2. 가면서도, 스마트폰, 와이파이, 모바일, 죽을, 아무, 계산해야, 쑥, 전자 기기, 만능 해결사, 불릴, 해킹, 영향을 미칠, 활용해야 하는지/사용할지

3. 略

## 💬 번역

1. (1) 학교에 책을 빌리러 가는 길에 가게에 들러서 빵과 우유를 샀다.

(2) 직업을 가지고 싶어하는 젊은 여성들이 예전에 비해 많아졌다.

(3) 며칠 동안 밤을 새워 일하느라 눈이 쑥 들어갔다.

(4) 정전이 되는 바람에 스마트폰으로 인터넷을 할 수 없게 돼서/되어 답답해 죽겠다.

(5) 아무도 이 영화를 보러 오지 않는 것을 보면 이 영화가 아주 재미없나 보다.

2. (1) 毫不夸张地说现在许多年轻人没有手机就不能处理事情。

(2) 年纪大的人不能熟练使用智能手机，反倒有许多不便之处。

(3) 行驶的公交车上也安装了无线网络，可见使用智能手机越来越方便了。

(4) 不少人认为只能发短信和打电话的手机比智能手机更方便。

(5) 如果走路的时候也要看手机的话，那就有可能是手机中毒了。

## 제13과　원하는 도서가 있는지 미리 검색해 봐

### 어휘와 문법

1. (1) 홈페이지　(2) 막내　(3) 검색창　(4) 펼치다

(5) 맡기다　(6) 회식하다　(7) 반납하다　(8) 전자 도서관

(9) 키워드　(10) 멀티미디어　(11) 디지털화되다　(12) 책임지다

2. (1) ②　(2) ①　(3) ②　(4) ①　(5) ①

3. (1) 펼치기　(2) 맡겨서　(3) 염려　(4) 겪어

(5) 파손하면　(6) 유의 사항　(7) 반입이　(8) 다운로드

(9) 초과하면　(10) 대비해

4. (1) ②　(2) ④　(3) ①　(4) ①　(5) ③

(6) ③　(7) ①　(8) ②　(9) ④　(10) ①

5. (1) 바빠 죽을 지경이야　(2) 돈이 없어 죽을 지경인데

(3) 배고파 죽을 지경이에요　(4) 미칠 지경이야

(5) 힘들어 죽을 지경이에요

6. (1) 종이에다가　(2) 엽서에다가

(3) 벽에다가　(4) 책상 위에다가

(5) 공기 좋은 곳에다가

7. (1) 기말 시험 기간이라서 도서관에서 자리를 찾기가 힘들어요.

(2) 고향 친구와 같이 식사를 한 번 해야 하는데 좀처럼 시간이 나지 않아요.

(3) 한국 문화를 공부하기 위해 책을 10권이나 빌렸어요.

(4) 사장님께서 오늘 안으로 일을 모두 처리하라고 했어요.

(5) 이 회사에서 일할 기회가 온다면 저는 꼭 최선을 다하겠습니다.

## 🎧 듣기

1. (1) ③    (2) ④    (3) ①    (4) ②    (5) ①

2. (1) ③    (2) ②

(3) 도서관에 가서 연장 신청을 해야 합니다.

(4) 네, 중기 씨는 도서관에 갔다 와서 학생회 회의에 참석할 것입니다.

## 📖 읽기

1. (1) ②    (2) ④

2. (1) ②    (2) 1) ×   2) ○   3) ×   4) ×    (3) ④    (4) 略

## 📋 쓰기

1. (1)-(4) 略

2. 집중할, 맡기, 홈페이지, 위치, 펼쳐, 빌려서, 도서 구입, 있지만

3. 略

## 💬 번역

1. (1) 책을 빌리려면 검색창에다가 책 이름을 입력해야 합니다.

(2) 주말에 길이 막히므로 회의에 참석하시는 분들은 일찍 출발하시기 바랍니다.

(3) 좋은 성적을 받기 위해 언니는 책을 6권이나 외웠어요.

(4) 언니는 나에게 매일 도서관에 가서 공부하라고 했어요.

(5) 내일 수업이 없으면 우리 같이 영화 보러 가자.

2. (1) 如果图书馆没有想要的书，在网上查电子资料也是个好办法。

(2) 我早上吃了面包，又吃了鸡蛋和水果，肚子非常饱。

(3) 我最近准备结婚，都没时间见朋友。

(4) 由于今天是公休日，百货商场的人比平时多。

(5) 找不到解决那个问题的方法，我快疯了。

## 제14과  민속촌에 가 본 적이 있나요?

### 🔖 어휘와 문법

1. (1) 민속놀이  (2) 시인  (3) 풍속  (4) 답장
   (5) 땅콩  (6) 태풍  (7) 지혜  (8) 책임감
   (9) 소원을 빌다  (10) 머리를 감다  (11) 송편을 빚다  (12) 춘련을 붙이다

2. (1) ②  (2) ④  (3) ①  (4) ②  (5) ③

3. (1) 찾아가서  (2) 상한
   (3) 마무리해  (4) 인사하며/인사하면서
   (5) 돌아  (6) 뛰어다녔다/뛰어다녔습니다/뛰어다녔어요
   (7) 강의하고  (8) 던졌다/던졌습니다/던졌어요
   (9) 띄우기  (10) 구하는

4. (1) ③  (2) ②  (3) ①  (4) ③  (5) ②
   (6) ①  (7) ④  (8) ②  (9) ③  (10) ④

5. (1) ②  (2) ③  (3) ②  (4) ④

6. (1) 태풍 ─────── 친구와의 관계가 안 좋아졌다
   (2) 환경 오염 ─────── 건강을 잃는 사람들이 많다
   (3) 사소한 오해 ─────── 비행기 도착이 지연되고 있다
   (4) 운동 부족 ─────── 한국 제품에 대한 외국인의 관심이 높아지고 있다
   (5) 한류의 영향 ─────── 공기가 점점 나빠지고 있다

   (1) 태풍으로 인해 비행기 도착이 지연되고 있다.
   (2) 환경 오염으로 인해 공기가 점점 나빠지고 있다.
   (3) 사소한 오해로 인해 친구와의 관계가 안 좋아졌다.
   (4) 운동 부족으로 인해 건강을 잃는 사람들이 많다.
   (5) 한류의 영향으로 인해 한국 제품에 대한 외국인의 관심이 높아지고 있다.

7. (1) 방송으로 인해 그 식당이 정말 유명해졌어요.
   (2) 집에 들어가자마자 에어컨부터 켜요.

(3) 어릴 때 자주 부르던 노래가 생각나요.

(4) 룸메이트가 내일 극장에 가서 영화를 보자고 했어요.

(5) 주말에 약속이 없다면 집에서 책이라도 읽으세요.

8. (1) 지내느냐고/지내냐고 물었어　　　(2) 어렵기는요　　　(3) 돌아오는 길에

(4) 먹자마자　　　　　　　　　　　(5) 배우자고 했어

## 🎧 듣기

1. (1) ③　　(2) ②　　(3) ①　　(4) ③　　(5) ②

2. (1) ②　　(2) ④　　(3) 경복궁, 전통 생활 문화

(4) 박물관 안에서 다양한 전시를 볼 수 있고 밖으로 나오면 한국의 옛날 모습을
담은 추억의 거리를 구경할 수 있습니다.

## 👁 읽기

1. (1) ①　　(2) ③

2. 관광객 증가로 인한

3. (1) ②　　(2) ④

(3)

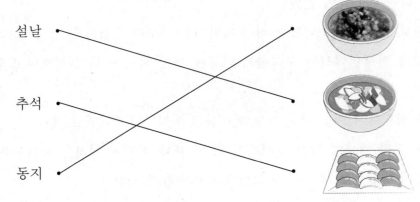

(4) 1) ○　2) ×　3) ×　　(5) ③

(6) 송편은 추석에 과일과 곡식을 수확한 후 조상과 하늘에 감사하는 마음을 담아
만드는 명절 음식입니다.

(7) 옛날에 한국 사람들은 팥의 붉은색이 집 안에 나쁜 일이 생기는 것을 막아 준다고 믿었기 때문입니다.

## 📖 쓰기

1. (1) 중국의 춘절입니다.

(2) 왕나는 춘절을 준비하기 위해 예전에는 부모님과 함께 마트에 가서 쇼핑을 했지만 지금은 인터넷 쇼핑몰에서 춘절에 먹는 음식과 필요한 물건을 삽니다. 그리고 과거에는 가족들과 집에서 맛있는 음식을 먹고, 방송을 보면서 이야기를 나누는 방식으로 춘절을 보냈습니다. 그러나 최근에는 온 가족이 춘절 연휴를 이용해서 여행을 갑니다.

(3) 略

2. 한국의 민속이라는, 한국의 민속촌에 가 본 적이 있냐고, 지난 연휴 때 가족과 함께 제주도 여행에 간 것이, 제주도에 도착하자마자 제주민속촌부터 둘러봤다, 산책하면서 꽃구경을 했다, 옛날 제주 사람들의 생활 모습, 재미있는 민속놀이를 체험할 수 있고 다양한 민속 공연도 즐길 수 있다

## 💬 번역

1. (1) 지하철을 타자마자 문이 닫혔다.

(2) 시간 관계로 인하여 교수님과 자세한 이야기를 나누지 못했다.

(3) 입학 첫날에 선생님께서는 우리에게 나중에 어떤 사람이 되고 싶으냐고 물어보셨다.

(4) 지난 여름 방학에 같이 여행을 갔던 친구들과 이따(가) 만나기로 했다.

(5) 춘절 전에 직장 때문에 다른 도시에서 일 년 내내 바쁘게 일하는 사람들은 가족들과 함께 명절을 보내기 위해 고향으로 돌아가려고 한다.

2. (1) 以前就认识的朋友突然说要交往，真的吓了我一跳。

(2) 为了锻炼身体，张斌提议从下个月开始一起去健身房。

(3) 如果去不了两天一晚的旅行，就算是一日游也去放松一下吧。

(4) 得益于2008年和2022年两次奥运会的举办，全国人民更加关注体育运动了。

(5) 春节是一年之始，当然具有重要的意义。但在以农耕为生的传统社会，第一轮满月升起的元宵节也具有特殊的意义。

## 제15과　한국에는 어떤 신화가 있어?

### 어휘와 문법

1. (1) 동물　　(2) 민족　　(3) 마늘　　(4) 문법
　 (5) 거느리다　(6) 신성하다　(7) 사고방식　(8) 야근
　 (9) 빚을 갚다　(10) 아이를 낳다　(11) 어려움을 겪다
　 (12) 거짓말을 지어내다

2. (1) ③　(2) ②　(3) ①　(4) ④　(5) ②

3. (1) 조사하고　　(2) 미루지　　(3) 뛰쳐나오고　(4) 날아온
　 (5) 비롯된　　(6) 낳은　　(7) 가리키는　(8) 후회하고
　 (9) 갚았다/갚았어/갚았습니다/갚았어요 (10) 써낸

4. (1) ④　(2) ②　(3) ①　(4) ②　(5) ③
　 (6) ①　(7) ③　(8) ④　(9) ②　(10) ②

5. (1) 날씨가 많이 추울 텐데 두꺼운 옷을 입고 가세요.
　 (2) 아침을 안 먹어서 배고플 텐데 과자라도 좀 드세요.
　 (3) 많이 바쁘실 텐데 시간을 내주셔서 감사합니다.
　 (4) 어제 늦게까지 공부해서 피곤할 텐데 오늘은 좀 일찍 쉬세요.
　 (5) 명절이라서 길이 많이 막힐 텐데 기차를 타고 갑시다.

6. (1) 밤을 새울 수밖에 없습니다
　 (2) 가격이 비쌀 수밖에 없습니다
　 (3) 더울 수밖에 없습니다
　 (4) 사전을 찾을 수밖에 없습니다
　 (5) 헤어질 수밖에 없습니다

7. (1) 동생은 개를 무서워해요.
　 (2) 오빠는 일요일마다 일본어 학원에 가요.

(3) 열심히 노력하면 언젠가 성공할 거예요.

(4) 중요한 시험을 보기 전에는 긴장할 수밖에 없어요.

(5) 약속 시간에 늦으면 친구들이 싫어할 텐데 다음부터는 일찍 출발해.

8. (1) 어려울 텐데　　(2) 불편해요　　(3) 먹을 수밖에 없어요

　　(4) 들으며　　　　(5) 바뀔 수도 있어요

## 🎧 듣기

1. (1) ③　　(2) ①　　(3) ②　　(4) ④　　(5) ③

2. (1) ③　　(2) ④　　(3) 1) ○　2) ○　3) ×

　　(4) 왕나 씨는 초등학교 때부터 신화를 좋아하게 되었습니다.

　　(5) 중기 씨는 특강을 듣기 전에 신화에 대한 관심이 없었지만, 특강을 들은 후에
　　　　신화의 가치와 매력을 알게 되었습니다.

## 🗣 읽기

1. (④)-(②)-(⑥)-(③)-(①)-(⑤)

2. (1) ②　　(2) ④　　(3) ③　　(4) ②　　(5) 1) ×　2) ×　3) ×

　　(6) 슐리만은 전문 학자가 아니기 때문에 많은 유적이 파손되었습니다.

　　(7) ④

## 📔 쓰기

1. (1) 외국 신화를 읽을 필요가 있어요?/외국 신화를 읽어야 돼요?

　　(2) 가은: 외국 신화를 읽을 필요가 있어요./외국 신화를 읽어야 돼요.

　　　　장빈: 외국 신화를 읽을 필요가 없어요./외국 신화를 안 읽어도 돼요.

　　(3) 略

2. 우연히 한국 친구 가은을 만났다, 중국 문학을 이해하고 중국인의 사고방식에 대
해 알아보, 뭘 써야 할지 몰라서 차일피일 미루고 있다, 비과학적이고 역사적 사실
도 아닌 신화를 알아야 하는 이유, 역사와 문화가 오래된 나라는 모두 고유의 신화
를 가지고 있으며, 신화에는 그 민족의 사고방식도 담겨 있다는 것, 그들도 인간처

럼 누군가를 사랑하기도 하고 미워하기도 한다는 점

## 💬 번역

1. (1) 나는 그를 어디선가 본 것 같은 느낌이 든다.

 (2) 신화에는 중국의 역사와 문화가 녹아 있으며 중국인의 사고방식도 담겨 있다.

 (3) 사랑하는 사람에게 상처를 주는 말을 하면 나중에 후회할 수도 있어요.

 (4) 내가 농담으로 한 말 때문에 서준이는 속상해했다.

 (5) 어제 늦게까지 시험을 준비하느라 많이 피곤했을 텐데 오늘은 일찍 쉬세요.

2. (1) 仲基在每本书上都写上了自己的名字。

 (2) 因为是周末，电影院可能人很多，没关系吗?

 (3) 两个人的性格很合拍，关系自然好得不得了。

 (4) 神话虽是古人虚构的故事，但对现代中国人的生活仍然具有深远的影响。

 (5) 故事虽然各不相同，但大部分神话都具有共同之处，即在神话故事中可以看到
 人类的生活面貌，给人以智慧和教诲。